英語の
多聴多読
最前線

コスモピア編集部・編

コスモピア

はじめに

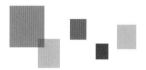

　高校の外国語学習指導要領の中に、「発音」「精読」「速読」とともに「多読」の文字がはじめて登場し、広がり始めたのは2014年のことです。弊社では、同年、教室の現場で多読はどのように教えられているのかを、英語の先生がたに取材しました。そして、その実践の中身をバックボーンとなる理論とあわせる形で、別冊「多聴多読マガジン」『英語の多読最前線』を刊行しました。

　その後、2019年末からのコロナ禍の中、英語教育を含む学校現場全体も、オンライン授業の導入を余儀なくされました。また、同時に文部科学省が同年12月に発表した「GIGAスクール構想」や、経済産業省の「未来の教室」などの試みを通して、学校におけるデジタル化とアクティブ・ラーニング、オンライン学習が広がりを見せてきました。

　こうして、多読を取り入れた授業でも、オンライン多読という新しい形が少しずつ浸透し始めています。多読の授業の本質は変わらないものの、裾野が広がり、学習環境が刷新され、本を読む方法が多様化することで、さまざまな変化が見られるようになってきていると思われます。

　また、2020年の4月、小学校5年生から英語が正式に教科として導入されました。2021年には、小学校で英語を学ぶことを前提とした、新しい学習指導要領に基づく中学校の教科書が導入されました。そして、2022年4月からは、高校の教科書が刷新され、「コミュニケーション」「論理・表現」というふたつの分野に再編されます。

　コミュニケーションへと向かう英語の学習環境の中で、インプットの土台となる多聴多読はどのような役割をになうのか、2021年の

11月から2022年の2月にかけて、その最前線を取材しました。

　多読が始まってからのおよそ20年間、試行錯誤を繰り返し、だんだんと進化を遂げてきたベテラン校もあります。反対に、多読を導入して間もない、初々しい学校もあります。そうしたさまざまな塾、中学校、高校、高専、大学などの取材情報を、ここにお届けします。

　そもそも言語習得のための重要なコミュニケーション活動に、多読によるインプットはどのような効果をもたらすのでしょうか。そうした観点からも、さまざまな活動や理論を紹介しました。

　多聴多読によるインプットを土台に、そこからアクティブなコミュニケーション活動へ、そして論理的に自分の考えを述べるスピーキング、プレゼンテーション活動へとつながる橋渡しの提案も紹介していきます。

　また、近年関心が高まっているSTEAMのシリーズガイドもお届けいたします。

　取材にご協力をいただいた先生がたに深く御礼申し上げます。

　そして、これからの時代に求められる英語教育の土台をどのように作っていくかを考える上で、本書の記事が少しでも読者の皆様のお役に立てれば幸いです。

2022年3月
コスモピア編集部

Contents

Part 1

多読の現場徹底取材
効果を生む多聴多読の教室最前線

Part 2
実践現場からのアドバイス ························· 85

Part 3
英語教育の中の多聴多読の位置づけ ［理論編］ 121

Part 4
STEAMリーダーガイド 165

Contents

ノンフィクション＋フィクション一体型シリーズ

電子版を使うには

本書購読者は
無料でご使用いただけます！
本書がそのままスマホで
読めます。

電子版ダウンロードには
クーポンコードが必要です

詳しい手順は下記をご覧ください。
右下の QR コードからもアクセスが
可能です。

電子版無料引き換えクーポンコード
22003（ニ ニ ゼロ ゼロ サン）

ブラウザベース（HTML5 形式）でご利用
いただけます。

★クラウドサーカス社 ActiBook電子書籍
です。

● 対応機種
・PC（Windows/Mac）　・iOS（iPhone/iPad）
・Android（タブレット、スマートフォン）

電子版ご利用の手順

❶ 以下 URL より、本書電子版の商品ページにアクセス
してください。

https://www.cosmopier.net/products/detail/1647

❷「カートに入れる」をクリックしてください。

❸「カートへ進む」→「レジに進む」と進み、「ご注文手続き」画面へ。

　※「ご注文手続き」画面に進むには、コスモピア・オンラインショップで
　の会員登録（無料）・ログインが必要です。

❹「クーポン」欄に本ページにある電子版無料引換クーポンコードを入力し、
「確認する」をクリックしてください。

❺ ０円になったのを確認して、「注文する」をクリックしてください。

❻ ご注文完了後、「マイページ」の「購入した電子書籍・ダウンロード商品
の閲覧」にて本書電子版を閲覧することができます。

Part 1

多読の現場徹底取材

効果を生む多聴多読の教室最前線

学校教育が大きく変わろうとする中、学校での多聴多読の現場も模索を続けている。その最先端の状況を 2021 年から 2022 年にかけて取材した。

オンライン多読システムの
紹介

学校・塾・先生・生徒の数だけ多読の指導にはそれぞれの個性がある

　2014 年、弊社では別冊「多聴多読マガジン」『英語の多読最前線』の中で、教室現場で多読はどのように教えられているのかを取材した。それからおよそ 8 年が経った 2021 年 11 月から 2022 年 2 月にかけて、多読導入の現場の新たな展開や進化も含めて、その最先端を取材した。

　今回の取材にかかわる問題意識として、下記を念頭に置いた。

(1) 2014 年度で取材した学校は現在も多読の授業を継続しているか

(2) 新しく多読を取り入れた学校ではどのような形で授業をやっているのか

(3) 大学入試がセンター試験から共通テストに変わった影響はあったか

(4) GIGA スクール構想とコロナ禍で普及し始めたオンライン多読システムはどのように教室の中で活用されているか

(5) 指導要領の改訂により、コミュニケーション重視の方向が明確に出たことが多読のありかたに影響を及ぼしているか

　これらを反映して 12 ページからの取材記事で各学校や塾などを紹介する。「チームでやっている学校」「成果を数字で示すことができる学校」「図書館の司書さんの協力を得られている学校」「学校全体の方向性と多読の方向性があっている学校」は強いという印象をもった。「多読を教える先生方のネットワーク、コミュニティで非常に有益な情報交換や助け合いがある」「本を読んで終わるのではなく、各校とも多読から英語でのコミュニケーションへの道筋をかなり考えている」というのが取材を終えた感想だ。

　ここで紹介したのは、2021 年から多読を取り入れた学校から、20 年近い実績を持つ塾や学校までさまざま。学校の数だけその指導法には個性がある。生徒の力、学校が向かっている方向、先生ご自身の経験や力量、本への予算、図書館の状況など、さまざまな変数があり、こうすれば絶対正解と言えるものはない。この記事が、これから多読の導入を考える先生がた、現在やっている多読の授業を発展させ、より効果的なものにしたいと試行錯誤されている先生がたの参考になればと思う。

＊記事中の生徒の学年などは取材時の 2021 年 11 月から 2022 年 2 月現在のものになります。

17 校の記事の簡単な紹介

● **公立高校**

・ **大阪府立北野高等学校**：ネイティブの先生を中心に限られた予算と時間の中で
いかに成果を上げているか

・ **鳥取県立境高等学校**：チームワークで多読の授業。効果をもたらす図書館との連
携。多読の授業を 1 単位として学校が認めた

● **私立中高**

・ **鷗友学園女子中学校・高等学校**：多読導入 18 年目、これまでの実践の土台の上
でオリジナル「デジタル Book Diary」が誕生。多読が進化する

・ **駒込中学校・高等学校**：多読とディクトグロスで 4 技能のフルーエンシーを高
める手法とは？

・ **桐蔭学院中等教育学校・高等学校**：大規模校でなぜ多読導入が可能になったのか。
その戦略と、授業のあり方とは？

・ **福岡女学院中学校・高等学校**：いろいろな学校に影響を与えている、坂本先生の
多読から 3 ラウンドのスピーキング＆ライティングへの流れを説明する

・ **浪速中学・高等学校**：多読導入 1 年目は「朝読」から

・ **桃山学院中学校・高等学校**：さまざま多読の手法を取り入れながら、中高一貫校
で中 1 から高 3 まで持ち上がりで教えた小川先生に話を伺う

● **塾**

・ **EUNICE English Tutorial**：オンライン多読も積極活用。紙とオンラインの二
刀流。授業はオールイングリッシュで 4 技能をバランスよく

・ **岩野英語塾**：英語劇やプレゼンテーションへつながる小学生から中学生までの
「多読多聴クラス」。年末に子どもたちに贈られたビックプレゼントとは？

・ **ABC4YOU 英語教室**：多観と多読、シェアリングを生かして、生徒たちの世界
を広げる。大学受験でも多読を活用して成果をあげている

・ **科学的教育グループ SEG**：55 万冊という圧倒的な蔵書量をほこり、高 3 の受
験生が洋書をどんどん読む。まさに多読の殿堂とも言える塾の実際の授業は？

● **高専**

・ **豊田工業高等専門学校**：「国際交流が可能なエンジニアを育てる」という使命の
中での多読の持つ意味が広がる

● **大学**

・ **鶴見大学**：受け身の学習スタイルを自律学習へバージョンアップする手法

・ **帝京大学**：8、9 割が男子学生の理工学部で多読はどのように成果を上げたのか

・ **尚絅学院大学**：英語のネイティブスピーカーだからこそ、サム・マーチー先生が
多読にこだわるわけ

● **特別記事**

駿台予備学校：2022 年 4 月スタート。大学入試実績を誇る駿台予備学校はどの
ようなポリシーで多読に向き合おうとしているのか

＊ご協力をいただきました学校、担当された先生がた、取材へのご協力、ありがとうございました。心よ
り感謝いたします。

「共通テスト」になって「やっと時代が自分たちに追いついた！」

限られた予算と時間の中で
最大の効果を上げる

大阪府立北野高等学校（大阪府大阪市）

多読導入のきっかけ

公立学校で多読を導入するのはハードルが高いと言われる。大きな理由はふたつ。ひとつめは多読は大量の書籍を必要とするが、その書籍を購入するための予算が限られているため。もうひとつは先生が定着しやすい私立校と異なり、公立校は先生がたの異動があるため、多読をする先生がたのチームが崩壊してしまうためだ。

大阪府立北野高等高校は 2015 年に多読を導入して 2022 年で 7 年目になる。この間、北野高等学校の多読の導入は、大阪市立西高等学校、大阪府立箕面高等学校など、近隣の高校にも影響を及ぼし、多読の導入が進められている。

北野高等学校に多読を持ち込んだのは、Mary O'Sullivan 先生。滋賀大学で教えていた Mary 先生が大阪府からの SET（Super English Teacher）として赴任した 2015 年からだ。Mary 先生が多読をやりたがっていると聞いた、当時新 1 年生の担当に決まっていた林裕子先生（現在は常翔学園中学校・高等学校に異動）が前任校での多読指導の経験を生かして多読用の書籍を購入して準備し、松山知紘先生（現在は府立大手前高等学校に異動）といっしょに Mary 先生をサポートした。

多読の授業：第 1 期　紙の多読本

● 2015 年 4 月〜 2018 年 8 月まで

1 年＝ 文理学科・普通科とも Mary 先生の「オーラルコミュニケーション」の
　　　授業で多読を実施

2 年＝ 文系のみ「異文化理解」の授業で多読を実施

＊紙の多読本の数が限られて、1 年生の授業を優先したため、2 年生の使用は限定的になった。
＊北野高等学校に普通科が併設されていたのは 2017 年度（2018 年 3 月まで）までで、2018
　年度からオール文理学科となった。

多読の授業：第 2 期　オンライン多読本 + 紙の本

● 2018 年 10 月〜現在

オンライン多読システム [1] を知り、多読の実践とその効果について、教科・学年・保護者の理解と了解を得て、生徒からその経費を徴収することで、2018年9月に英語科で導入を決定。

2021年3月に卒業した北野高校133期生の多読活動の概略と林先生の感想を下記にまとめた。

● 2018年度＜1年生入学＞

ネイティブとの team-teaching 授業である2週間に1回の「オーラルコミュニケーション」で、毎回授業の最初に時間を使って、10分から15分、多読を行った。以前から行っていた紙の本に加え、後期から初めてオンライン多読を導入した。[2]

● 2019年度＜2年生＞

「異文化理解」や「総合英語」の授業で、週に1回15分前後、生徒全員が多読を継続した。（林先生の感想：語数で競わせるやり方や、読書記録の取り方などは工夫の余地があると感じた）

● 2020年度＜3年生　2021年3月卒業＞

3年生は多読の授業はなかったが、多読の授業を振り返ってアンケートをとったところ「読解力がついた」「入試で役に立った」など、担当クラスの9割の生徒が肯定的な評価をした。

<脚注>

1) Xreading。（p.82を参照）

2) 現在1年生は「総合英語」という科目を履修し、校内では便宜上「コミュニケーション英語」（2週間で5回）と「英語表現」（2週間で4回）のふたつに分けている。そして「コミュニケーション英語」はMary先生による「オーラルコミュニケーション」（2週間に1回）と日本人教員による「コミュニケーション英語」（教科書を使用した一般的な授業）（2週間に4回）で構成されている。

「オーラルコミュニケーション」の授業の中での多読

Mary先生による高1の「オーラルコミュニケーション」（北野高等学校では65分間）の授業を見てみよう。その中で、10分程度多読を取り入れている。年間14、5回だから、1回1回が非常に貴重な時間になる。

授業予定が分刻みで区切られタイマーが1分刻みで時を告げる。

自分のスマホやタブレットでオンライン多読システム、Xreading で読書する。

Mary 先生の「オーラルコミュニケーション」の授業で、立ってとなりの生徒と英語で話す。

導入が終わると、図書館で借りてきた多読用の本についての会話を生徒同士がする。そのあとはスピーキング課題の予定を立てて（先ほどとは異なる生徒同士が会話する）、そして多読の

宿題の確認。2週間でどのくらい読んだか、先生が語数と時間や冊数を上から順に書いていく。この日のトップは2週間で読んだ語数と聞いた語数を合わせて122,000語、42冊読んでいる。2位が121,200語、17時間だった。

そして10分間の読書タイム。生徒は持参のスマホやタブレットを使ってオンライン読書。読書が終わると、agree、disagreeの意見を表明するスピーチの練習、そしてアイルランド特有のスポーツをビデオで見て、近くの生徒と会話。このように65分の中で最初と最後を除いて6個の活動をする。まさに分刻みでの充実した多彩な活動だ。

ちなみに「コミュニケーション英語」はこの「オーラルコミュニケーション」が25%、日本人教員による「コミュニケーション英語」の成績が75%という配分になっている。左下のClass Evaluationで「Xreading accounts for 12%」が多読の配点になる。

Lesson 4 Second Term OC 2021	JTE	Time
Mary and Students		
Hand out name-cards.	Hand out name-cards	4 mins
Beginnings		
Students change seats just after class begins		
Greetings		6 mins
Introduce how to ask for permission (p.5)		
Review English for school life		
Having a conversation (about library book)		(10)
1. Check if students have book	Answer question	7 mins
2. Introduce conversation 1 min	If you could have dinner with a famous person, who would you choose?	
3. Conversation 2 mins x2 (4 mins)	If I could have dinner with a famous person, I would choose...because	(17 mins)
Speaking Homework		
1. Check hw		
2. Make a plan		
3. Introduce subjunctive questions	Write best reader information on Board. Write homework details on board. Correct homework during reading	21 mins
xreading :		(38 mins)
1. Check students have recorded homework on textbook and on name card		
2. Announce best readers		
3. Announce homework (5,000 words per week)		
4. 10 minutes reading	Listen to speech/take a memo on BB	13 mins (51 mins)
Making a Speech	Agree with one point about cats. Disagree with one point about cats. Use agree /disagree language P. 64	
Review speech - practice		
Review agree disagree		
Show sample speech:		
Mary's speech about cat and dog.		
Practice with partner X2		
Irish Culture - sport - hurling	Pass around hurley and balls.	7-9 mins (60)
Comment on interesting point to partner	Hand out stickers	65 mins
Finish up, write a comment		

（上）Mary先生の「オーラルコミュニケーション」の時間割。分刻みでアラームが鳴る。多読は38分くらいたってから、オンライン多読システムのXreadingを用いて行う。

Class Evaluation:

English Communication Class with Japanese teacher: 75%

Oral Communication Class with Mary O'Sullivan 25%

* Xreading accounts for **12%**

Active Learning Homework accounts for **6%**

Speaking Test accounts for **5%**

Attitude and Participation account for **2%**

- Bring textbooks
- Communicate with partner
- Pay attention in class
- Do NOT distract other students

* Top 3 Readers will get a school badge

How to contact Mary:

T-MeariO2@medu.pref.osaka.jp

Or Use Edmodo Messaging

黒板の左に書かれているのが、この2週間で本をたくさん読んだ生徒の語数。トップは122,000語、42冊。

（左）English Communication Class with Japanese teacherとは上記の「日本人教員によるコミュニケーション英語」。直接の評価には入らないが、「Top 3 Readers will get a school badge」などと書かれ、生徒のやる気を掻き立てる工夫もなされている。

定期テストにおける一貫性

2019年度から2021年度（北野高等学校134期生）の実践では、「コミュニケーション英語」の考査において3年間同じ問題形式を貫いた。20点がリスニング、30点が教科書内容、50点が初見の英文を読んで答える問題となっている。目的としては知識だけに偏らず実践的な読解力を問うためだ。そのために多読も含めた日々の英語学習の継続した取り組みが重要になってくる。下線部を訳しなさいと、という訳読の問題は一題も出題されない。つまり、新しい共通テストに近い形だ。共通テストの問題を見たとき、先生方は「やっと時代が私たちに追いついた」と思ったと　「多読が始まって7年。多読が生徒の英語力を高めているのはもちろんのこと英語学習への意欲や動機付けを高めることにも貢献している。平素の授業の中でアウトプットが求められているが大量のインプットがなければアウトプットできない。多読は生徒に自然な形で大量のインプットを与えることのできる効果的な方法だ。

これからも

①教員自らの多読への理解を深める
②多読が入試（特に2次試験）にもつながるということをしっかり生徒に説明する
③2年生で多読のモチベーションを維持する

などを心に留めて、多読の実践を続けていきたい」と先生がたは考えている。

Mary O'Sullivan 先生

1991年にJETプログラムで来日し、その後15年間様々な大学で教鞭をとる。JALTのメンバーとして会議に参加していくうちに、多読の研究に特に感銘を受け、滋賀大学で多読プログラムを導入。成果を収め学生にも好評のプログラムとなる。また同志社女子大学では海外留学のためTOEFLを受験する学生に対する多読プログラムに関わった。2015年にSET(Super English Teacher)として大阪府の府立高校にて勤務開始。同僚の英語教員とともに多読プログラムを作り上げた。

北野高等学校の多読について語る先生方。左から、林　裕子先生（現在、常翔学園中学校・高等学校勤務）、Mary O'Sullivan先生、松山知紘先生（現在、大阪府立大手前高等学校勤務）、武田　亮先生

学校情報　大阪府立北野高等学校

1873年、欧学校として創立、1877年に大阪府第一番中学校として発足。その後、1902年に大阪府立北野中学校と改称、戦後1948年に大阪府立北野高等学校と改称して現在に至る。2023年には創立150年を迎える。大阪府の伝統校かつ有数の進学校としても有名。文部科学省が2019年度から実施している、WWL（ワールド・ワイド・ラーニング）コンソーシアム構築支援事業拠点校に採択された。

県内に広がる多読の輪の中心

公立高校でもここまでできる！
チームで育て、牽引する多読の授業

鳥取県立境高等学校（鳥取県境港市）

海外への窓が開かれている境港市と境高等学校の環境

境港市は鳥取県の中でも島根県と接する西側に位置する。江戸時代には千石船の往来で、明治以降は日本海側の国内航路の要衝として、そして 1896 年には外国貿易港に指定され、朝鮮半島や大陸の都市との交易で栄えてきた街だ。1993 年には中国の東北部の吉林省延辺朝鮮族自治州琿春（ふんちゅん）市と友好都市になり、国際交流員を招致している。現在はベトナムからの国際交流員がいる。

境高等学校も韓国や香港の高校との交流を図ってきた。多読が根付いたのも、そのような外に向かって拓かれた環境のもとにあったのが大きいのかもしれない。

多読導入の経緯と授業として確立するまで

境高等学校がはじめて多読を取り入れたのは 2012 年。地域の国際化が進む中で、境高等学校では英語に対して苦手意識を持つ生徒が多く、英語力も停滞し、何らかの対策が必要だった。現在は異動し他校で勤務されている先生が、英語教育に関する研究を模索される中で「多読」に出会った。英語が苦手な生徒たちに英語に触れる機会を増やし抵抗感を弱め、興味・関心を高めるためには多読が最適だと判断した。そして 2011 年に県に対して学校独自事業「SAKAI TADOKU CHALLENGE」の企画書を提出し採用され、ここから境高等学校の多読がスタートした。

現在は、学校独自事業「語学力向上プロジェクト」の中の「英語多読チャレンジプログラム」として 10 年以上実施している。

2012 年 1 ～ 3 月にお試し授業などの準備期間を経て、同年 4 月から 8 限目に行う放課後講習としてスタートした（2012 年 3 月多読図書数は 1,099 冊）。対象生徒は 1 年生の「習熟クラス」（現「特進」クラス）、希望者などで、週 1 時間だった。2013 年は 1・2 年生で同様に実施し、多読の専門家である髙瀬敦子先生（→ p.106）、宮下いづみ先生（→ p.40）による出前授業がスタートした。

2014 年には 1 ～ 3 年の全学年で実施し、2014 年 3 月の多読図書数は 3,614 冊になった。2015 年には全学年で学校設定科目（1 単位）となり、正式に授業として開講され現在に至っている。対象生徒は、習熟クラス（現「特進」クラス）は全員受講、また希望者は選択科目として受講している。

図書館を中心に多読の授業が行われていることはこれまでと変わらないが、図書館の蔵書は7,919冊（2022年3月22日現在）に増えた。他の英語の授業とのかけもちだが、5人の担当の先生方が多読を担当し、図書館の司書さんがそれを支えている。

公立学校での多読を実施し、それを継続するのが難しい要因として、予算と先生方の異動がある。公立高校が図書にかけることができる予算は少ない。また、熱心な先生が在職中はよいけれども、その中心になる先生が異動によっていなくなると、なし

前列　（左）池田亜紀先生、（中）佛坂美香子さん（司書）、（右）大崎由香先生
後列　（左）浮田智也先生、（中）野村範子先生、（右）安田朋子先生

崩し的に多読の時間もなくなってしまうことが多い。しかし、境高等学校の場合、多読の普及が公立高校でなかなか進まない障害となるそのふたつを乗り越えてきた。学校長が3代にわたって多読を正規の授業として認め、学校自体としてのバックアップもある。またグローカルな人材育成を進める鳥取県教育委員会からのサポートも受けて、図書館の多読図書も順調に増やしてきている。現在、境高等学校の多読の授業は、鳥取県内の県立学校や公立図書館にも影響を及ぼしており、多読の輪は県内に広がりつつある。

高校1年生の図書館でのある日の多読の授業と図書室

図書館で行われた高校1年生の授業をみてみよう。担当の安田先生が生徒が図書室に入ってくる前に、CDプレイヤーと授業中に読む予定のふたつの物語が置かれたプリントを各テーブルに配布していく。

生徒が来る前に置かれた授業で使う短い物語のプリントとCDプレーヤー。

図書館の6人がけのテーブルに3～4人ずつグループになって座り、安田先生が読む物語を聞いている。

ひとつのテーブルに3～4人ずつ座った生徒たちは先生が音読する物語を読む。クリスマスと冬休み直前だったため、ひとつはクリスマスに関連した物語 *The Present*（245語）で、もうひとつは冬休みに関連した物語 *An Expensive Vacation*（145語）である。

2度目に先生が音読するときには、生徒たちは自分の好きな文やフレーズに下線を引いていく。その後同じテーブルの生徒同士で、どちらの物語が面白かったか、その理由はなぜかを英語で説明していく。先ほど引いた下線部の表現がここで使えるので、どの生徒も積極的に英語を話す。

　そのあと、読書記録を記入した40人ほどの生徒たちは、図書館の本棚の周りに次々に集まり、自宅で読む本を選んではカウンターに持っていく。

　本棚には、生徒たちが本を選びやすいように、シリーズごとに、オレンジ色の見出しにシリーズタイトルや、レベル、簡単な注意書きや説明が、はっきりとわかるように大きく書かれている。また季節のおすすめ本や、新着の本がわかりやすくディスプレイされている。この作業は司書教諭の資格も持つ野村先生を中心に、英語科の多読授業担当者で行っている。

（上）鮮やかなオレンジ色の見出し。大きく書かれているのでどこに何があるか、ひと目でわかる。

（下）書棚に群がる生徒たち。数冊の本を持って図書館のカウンターに並ぶ。

新着の本やおすすめの本が並ぶ棚。新着の本の案内が、シリーズごとに手作りで作成されている。

　図書館の壁には、上級生から下級生への、レベル別のおすすめ本の紹介が貼られていたり、本のなかから見つけたおもしろい言葉、心に残った言葉を書き出した Phrase Hunt というコーナーもつくられている。

　境高校の多読の授業は、先生と司書さんが共同で手作りした愛情にあふれた図書館で育てられていることがよくわかる。

「昨年度の3年5組から今年度の3年生へ」。卒業生から後輩へタイトル、レベル、おすすめのポイントが引き継がれる。

Phrase Hunt のコーナー。You don't have to put an age limitation on your dreams. など、いろいろなフレーズや文が貼られている。

池田亜紀先生

多読手帳の存在は大きいです。手帳を読めば生徒が何を求め、何に悩んでいるかが見え、さらに喜びを共感することもできます。そこを上手くサポートすると英語に苦手意識のある生徒も自信をつけ自らの力でどんどん成長していきます。（非常勤、日本多読学会会員）

佛坂美香子さん（司書）

鳥取県立高校には正規職員の学校司書が配置され、日々授業支援を行っています。私は多読図書の受け入れ、装備、管理、貸し出し・返却などを担当し、英語多読授業をバックアップしています。

大崎由香先生

私は教えたがりなので、生徒のためのコンシェルジュ役に徹することがなかなか大変です。一方、3年生にもなると、逆にお薦め本を紹介してくれたりして、すっかり多読仲間といえます。

安田朋子先生

生徒の書いた多読手帳を読む時間を大切にしています。どの生徒の手帳も、気付きや感動であふれていて、宝物を見せてもらうように1冊ずつ大切に読みながら、その感情を共に味わっています。

野村範子先生

授業を担当している私自身が楽しんでいます。大量の英語に触れ、楽しみながら英語力も身につく多読に、私も学生の頃に出会いたかったです。「英語が嫌いだったけど、少し苦手くらいになった」という手帳のコメントがとても嬉しいです。（日本多読学会会員、英語科内での多読担当で図書館の司書教諭でもある。多読図書の選書や整理を中心的に行っている。2022年4月から鳥取県立米子東高等学校へ異動）

浮田智也先生

はじめて多読の授業に関わらせていただきました。はじめ積極的でなかった生徒も、粘りづよく本を薦めるうちに「このシリーズ気に入った！」と言うようになり、変わり始めました。生徒の変化にびっくりしています。

学校情報 鳥取県立境高等学校

1940年創立。境港市唯一の普通科高校で、進学から就職まで幅広い進路に応じたカリキュラムが特色。部活動では県トップレベルの実績を持つ。

オリジナル「デジタル Book Diary」誕生！
鷗友の多読は進化を続ける

鷗友学園女子中学高等学校（東京都世田谷区）

約 12,400 タイトル、2 万冊以上のさまざま本に囲まれた L.L.Library。この恵まれた環境の中で多読の授業を受け、本を読む 1 年生たち。本棚の右上に見えるのは Oxford Reading Tree の著者のひとり Alex Brychta さんが鷗友学園に来校したときに描いていったイラストだ。

鷗友学園で多読がスタートしたきっかけ

　鷗友学園の英語教育のポリシーは「コミュニケーションの道具として英語を身につける」こと。以前、communicative approach に基づいた教育をしてきたが、先生方は生徒の伸びが頭打ちになってきたと感じており、大学に入ったあとも伸び続ける力を生徒につける方法はないかと模索していた。そのときに出会ったのが、酒井邦秀先生（当時電通大学）が提唱する多読。酒井先生の講演を聞いてすぐに、この方法が突破口になるかもしれない、と多読の入門セットを英語科で購入し、実際に先生方で多読を試みた。

　そして、2004 年、多読を中心とした鷗友学園の英語教育改革が始まった。Oxford Reading Tree シリーズを中心とした多読に加え、検定教科書のかわりにオックスフォード大学出版局のコースブックを採用。授業はすべてオールイングリッシュという非常に大胆な改革だった。

　多読をスタートするにあたって、①「授業中

約 12400 タイトル、2 万冊以上の多読図書が並び、貸し出しもしている L.L.Library。ここで多読の授業も行われる。1 日 300 〜 600 冊の貸し出しがある。

に全員が一斉に読む本」、②「生徒が自分のペースで選んで読む本」、③「授業外に生徒が読みたいだけ読むための本」の3種類に分けて購入し、徐々に増やしていった。

現在、多読図書館とLL教室が一体化したL.L.Libraryの蔵書は2万冊以上になっている。

L.L.Libraryには実にさまざまな種類の洋書が並んでいる。1日300〜600冊の貸し出しがある。

実際の多読の授業は？

2004年に始まった「多読、コースブック、オールイングリッシュ」の教育方針はさまざまな試行錯誤を経て、英語科の教員全員で多読を担当しながら、現在も揺るぎない3本柱として鷗友学園の英語教育を力強く推進している。

多読の授業の中心は中学1年生から3年生で、中学3年生間で100万語以上読むことを目標としている。実際に中学3年間で100万語を突破するのは学年の20%くらいだという。

多読の授業はL.L.Libraryと教室で行われる。授業時間50分のうち、通常15分から20分を多読にあてるが、ときには50分まるまる多読に使うこともある。中学1年生と、2年生の多読の授業では、特に音声にふれることを重視し、MP3などで朗読音声を聞きながら本を読むことが中心になっている。目だけで文字を追うよりも、朗読を聞きながら読むほうが理解しやすいのだという。

多読の授業はL.L.Libraryと教室で行われる。教壇に置かれた本の中から、生徒たちは読みたい本を探して自分の席に持ち帰って読む。先生は多読の時間には、生徒たちの間を回って、一人ひとりにこまめに声をかけてチェックする。

中学3年生は100万語突破を目標にしながら、課題としてOxford Reading Treeを土台にした、生徒自身によるオリジナルの絵本Ohyu Reading Treeの制作に毎年取り組んできている。

なお、高校生については、高1では月に1、2回の多読授業があり、高2では選択科目で「多読」の授業が選べるようになっている。

高校生になり、学校生活が忙しくなっても、さらに英語の本を進んで読み、本格的な英語の読書を楽しむ生徒をさらに増やしていくことがこれからの課題だという。

3年生の生徒が作成したOhyu Reading Tree。イラストもストーリーもユニークだ。L.L.Libraryに保管されているので、生徒たちは過去の作品を見ることができる。

多読の新しい環境をつくる「デジタル Book Diary」

　鷗友学園に赴任して 6 年目だと語る大熊先生は、「多読は鷗友に来て初めて体験しました。はじめのうちは生徒がどのくらいのレベルや語数の本を読めるのかもよくわかりませんでした。生徒のおすすめの本を読んだり、生徒が読んでいるシリーズの本を一緒に楽しんだりしているうちに、生徒がどのように英語を英語で理解しているのかが少しずつ見えてきました」と語る。

　その大熊先生が、iPad を操作しながら見せてくださったのが、2020 年から運用を始め、次第にバージョンアップさせてきた「デジタル Book Diary」だ。これは世界にひとつしかない完全に鷗友学園オリジナルのシステムだ。

　L.L.Library の蔵書データと紐付けられ、本の貸し出し・検索・本の感想などの記録ができる。また、ここから MP3 の音声があるものはストリーミングで聞くことができる。2004 年から始まった鷗友の多読の歴史があればこそ、誕生した画期的なデジタル・ライブラリ・システムだ。個人の貸し借りの記録が月ごとにグラフ化され、生徒たちの日々の頑張りをひと目で確認することができる。また読んだ本の感想を匿名の形でシェアできる機能は、選書に役立っている。

　大熊先生もニックネームをもち、積極的に評価や感想を書き込んでいる。感想が掲載されるだけではなく、おもしろい感想を書く人をフォローする機能もある。評価は★印で示され、感想とともに選書する際の参考になる。先生と生徒が同じ目線で本を語り、読みたくなる本を探せるというのは楽しい試みだ。

　また、LMS 機能も充実していて、先生方は自分たちのクラスの状態、他のクラスの状態、学年の中での自分のクラスの位置づけなどもひと目でわかる。

　既成のシステムではできない、これまでの実践におけるニーズから生まれてきたこのシステムを進化させ、上手に使うことによって、多読のコミュニティーをつくり、生徒たちの力を広げ深化させることができそうだ。

左のふたつは紙版の Book Diary。読んだ本の記録や、それを読んだ先生のコメントが書かれている。この蓄積がもとになって「デジタル Book Diary」が生まれた。

1 デジタル Book Diary ホーム画面

　高校生は、個人のデバイスから「デジタル Book Diary」にアクセスし、本の貸出・検索・返却、本の感想などの読書記録をつけることができる。中学生は、自宅のデバイスからこのページを見たり、L.L.Library にある iPad からアクセスすることができる。

2 MP3 画面

MP3 が付属している本を借りると、音声を聞くことができる。大部分が CD から MP3 に置き換わった。

3 読後のコメント記入画面

本を読み、コメントを登録すると、合計冊数・語数がカウントされる仕組み。「コメントを公開する」を選択すると、他の人が自分のコメントを読めるようになる。
★ひとつ〜 5 つまでの評価をつけることもできる。

4 My History

コメントを登録したら、合計冊数・語数がカウントされ、グラフが伸びていく仕組み。どの時期にどのくらい読書ができたかが、一目瞭然。

5 生徒のコメント共有画面

「コメントを公開する」を選択することで、自分のコメントが他の人からも読めるようになる。他の人のすすめている本や、★の多い本を生徒が選ぶ傾向がある。また、教員も生徒と一緒に本を読み公開コメントをつけることで、生徒たちの読書意欲をかきたてている。

6 チャレンジ画面

読書を推進するためのイベントとして「LL Challenge」を行っている。いくつかの目標の中から、自分で選んで期間内に達成することを目指す。期間中に L.L.Library で本を借りると、スタンプが表示される。チャレンジごとの達成度もグラフで見られるようになっていて、チャレンジを達成すると、表彰状が画面に表示される仕組みになっている。

大熊桃子先生　多読は生徒と一緒に楽しんでいます。本を読んで紹介するだけではなく、生徒がすすめる本を自分も読み、感想を伝え合っています。好みやレベルに合わせて本を選ぶのが上手になっていく生徒にはいつも感心させられます。

学校情報 鷗友学園女子中学高等学校

東京都世田谷区にある私立の中高一貫校。「慈愛(あい)と誠実(まこと)と創造」の校訓のもと、「自分の枠を超え、学校の枠を超え、日本の枠を超え、隣人となれ。世界に羽ばたけ鷗友生！」を合い言葉に、さまざまなことにチャレンジする生徒の笑顔を何よりも大切にしている。

ネイティブ講師によるオールイングリッシュ授業

多読×ディクトグロスで 4技能のフルーエンシーを高める！

駒込中学校・高等学校（東京都文京区）

ディクトグロス学習法導入の目的は？

駒込高校では、2020年よりDictgloss（ディクトグロス）という英語学習法を実践している。多読は以前から導入されており、最初は紙の本だったが、コロナ対応をきっかけにオンライン多読システム*をスタート。現在は、eステを使った多読とディクトグロスをコラボレーションした授業を始めて2年目になる。そしてこの授業を進めるのがネイティブ講師によるオールイングリッシュという点にも注目したい。

駒込バージョン Dictogloss とは？（もともとの Dictogloss を一部変更）

「聞いたことを、メモを頼りに思い出して、ペアまたはグループでディスカッションしながら文章を復元する」活動

基本的な学習の流れ

1) まとまった文章を聞く。文章は宿題で読んできた既習のもの。

2) 学習者はメモを取りながら聞く。

3) ペアまたはグループで、お互いのメモを持ち寄り、ストーリーのサマリーを作成する。この話し合いは、英語または日本語のどちらでもよい。

4) 生徒がサマリーを作成する間、必要に応じ、教師は文法項目や内容に関する明示的説明を加える。

5) 授業内に生徒にサマリーを提出させ、教室前のプロジェクターで全体の前でいくつか添削を行う。

ディクトグロスと多読を組み合わせることの最大の目的は、「読むフルーエンシーを高めることに加え、4技能をトレーニングすること」と、英語科主任の清水智子先生は言う。宿題として出される課題図書をきちんと家で読んでこないと、その日の授業についてこれなくなるため、宿題制にしてから生徒が宿題を忘れずにやってくるようになったこともこのプログラムで改善された点のひとつとのこと。

---

*コスモピアeステーション（eステ）（p.82を参照）

ディクトグロスを取り入れた多読授業の大まかな流れ

●事前に生徒に宿題として課題図書を読んでくるように指示

●ネイティブ講師主導による授業だが、主担当の日本人英語教師も授業に同席

1 課題図書の確認　5-10分

登場人物の紹介やキーとなる英語表現などを簡単に紹介

2 3問クイズ＋ネイティブによる課題図書の読み聞かせ　7-10分

（この日は Foundations Reading Library の *Good Friend*）

本についてのクイズが3問提示され、生徒はその解答を探すべく、ネイティブの先生による読み聞かせを1回のみ聞くことができる。読み聞かせの間、生徒はノートやメモをとるように指示され、必死に書き取る。

生徒は教室前のプロジェクターに映し出された本の絵を見ることができるが、eステの本を iPad で見てはいけない。

メモを書き取る生徒。手書きでノートに書く人もいれば、iPad に入力する人も。英文タイプもスラスラ。

3 クイズ解答についてディスカッション　3-5分

読み聞かせが終わると、生徒はパートナーとクイズの解答について英語でディスカッションを行う。生徒は慣れた様子で、英語で話し合い自分たちの解答を共有していた。

4 講師による答え合わせ　5-10分

クイズの問をプロジェクターに映し、生徒を当てながら解答を聞き出していく。

自分のメモとクイズの解答を持ち寄って、正解を英語でディスカッションしていく。

5 サマリーを書く　10-15分

クイズの解答はストーリーの要点をつかめる内容になっているので、これを元に、6、7センテンスでサマリーを書く。生徒はこの時間は本をまったく開かずに、自分のメモとクイズの解答を手掛かりに、どんどん iPad に入力していく。

入力されたサマリーはロイロノート経由で講師に送信される。

6 リアルタイムで、サマリーの英文添削　5-10分

教室前のプロジェクターに、生徒から送信されたサマリーが次々と表示され、先生が選んだサマリーをその場で添削していく。

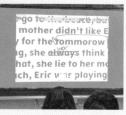

この日、添削できなかったサマリーは、後日生徒に直接送信される。

7 次回の宿題の確認

次の課題図書はすでに e ステ経由で配信されているので、次回の授業までにそれを読んでくるように指示が出され、本日の授業は終了。

最近の大学入試対策にも読むスピードと読む量の強化が必要

駒込高校には 3 つのコースがあり、その中のひとつ「国際教養コース」の多読授業では e ステ経由の通常の課題図書に加えて、一般のペーパーバックも読んでいる。現在読んでいるのは、*Wonder*（邦題『ワンダー きみはたいよう）。1 日 15 分読むことを目標にして、生徒に自宅で読んできてもらい、一般の課題図書と同じようにクイズとサマリーのタスクをこなす。リーダーでは補えない、自然な英語に触れる機会を増やすことが目的だ。

英語全科目は 6 時間あるうち、英語多読を行うのは週に 1 回で、英語全体の評価としては 10-15％に充てている。多読以外の授業では精読に近い英語の授業ももちろんあるが、最近の大学入試の動向などから、英語を速いスピードで正確に読めるスキルは以前にもまして必要になってきている。このことを生徒とも共有し 140wpm で読めるように、そして 1 年間の読む語数としては最低 10 万語、できれば 20 万語を目標とするように、と伝えている。

宿題と授業をしっかりと結びつける鍵は授業計画

　宿題を済ませている前提で授業が進むため、生徒と教師の間でいつまでに何をやればよいのかがしっかり共有できていることが必須だ。そのための課題図書のリスト、提出の締め切り日、やるべき宿題のタスクについては、下記のように詳細にプログラムが確立されている。少人数ではなく、1学年約500名前後の学生で多読を取り入れる際の貴重な参考になるだろう。

●生徒に配布される課題スケジュール（例）

"e-Station" Reading Schedule

Third Term (Final Exam) Classes 4&10

Week	Title	Series	YL	Words
1 Due: 8am, Tuesday, January18 (No Class)	A Good Friend	FRL	0.8	908
	Sweet Surprises	Our World Readers	1.2	525
	The Little Match Girl	J & J's Reading	0.5	242
	The Three Wishes	AlphaKids Plus	0.4-0.5	373
	Making an Animated Cartoon	AlphaKids Plus	0.6-0.7	727
	(optional) The Man Who Started Kentucky Fried Chicken	CosmoPier Library	1.6-1.8	1673

●生徒に配布される宿題の
　タスク（一部省略）

※宿題
課題図書は、クラスの指定期日（朝8:00）までに読んで、読書記録手帳に記録したものを、ロイロノートに写真を撮って提出する。課題図書は全員読んで、「5 step メニュー」(聞き読み・シャドーイング・リスニング・Reading Quiz・読書記録手帳)をやってくること。
※ Pleasure Reading として、毎週、自分で好きな英語の本を1冊選んで読んで、読書記録手帳に書きましょう。途中まででも読書記録手帳に書いて、読んだ語数を記録します。
※ Optional は、さらに力をつけたい余力のある生徒向けの本です。課題図書が読み終わったら読んでみましょう。
※推奨の読みの回数は、500語までは3回（聞き読み、シャドーイング、リスニング）500語〜999語までは2回、1000語以上は1回です。
※1日最低でも20分は英語の本を音声付きで、読みましょう。多読の宿題は、特にリスニング、リーディングの Fluency (流暢さ)をつけるために不可欠です。慌てて試験前に読むのではなく、毎日繰り返して読むことで力が付きます。

清水智子先生

駒込中学校・高等学校・英語科主任。多読やディクトグロスだけでなく、オンライン英会話をカリキュラムに取り入れるなど、効果のある指導法を常に研究している。TESOL 指導者でもある。

学校情報 ▶駒込学園　駒込中学校・高等学校

1862年、了翁禅師によって上野・寛永寺境内の不忍池のほとりに創立。高校には、STEAM 教育に力を入れる「理系先進コース」、イマージョン授業とグローバル教育に力を入れる「国際教養コース」がある。中学にはそのジュニア版となる「国際先進コース」も設けられている。

学校HP より

英語科がチームとして2年前に多読を導入！

なぜ多読の導入が可能になったのか
——大規模校の多読導入戦略

桐蔭学園中等教育学校・高等学校（神奈川県横浜市）

多読授業導入のきっかけになったふたつのポイント

　学年全体のすべてのクラスで多読を導入したのは2年前、今の高校3年生が1年生として入って来たときだった。「それまでは多読を授業に取り入れる先生もいたのですが、学年全体でとなると、多読に懐疑的な先生もいて実現できなかったんです」と語る大渕先生。では、どのようにして学年全体で多読に取り組むことになったのか。大渕先生は「本校に多読授業を導入するにあたっては、ふたつの大きなポイントがありました」という。

　ひとつは英語の授業時間が減ったことだった。カリキュラムの変更で、英語の授業時間が削られ、高校1年生は今まで週6時間だったのが、週5時間になってしまった。すると、その減った1時間を何かで補わなくてはならない。それで、生徒に何をやらせるかということが検討材料になった。宿題という手もあったが、英語嫌いで入ってくる生徒に宿題という形でドリルをやらせたら、かえって英語嫌いを助長させることにもなりかねない。またその宿題は教師不在でやらなくてはならない。

　桐蔭学園自体には「社会に生きる主体として自ら考え判断し行動できる資質・能力の育成」という学校教育目標があり、学校全体でアクティブラーニング（AL）型授業に力を入れている。生徒が、自分が読みたい本を自ら選んで読む、という方向付けのある多読は、主体的に学べる、つまり生徒がひとりで自発的に取り組めるという点でも、学園の理念にぴったり合致したという。

多読
・平易なものからスタートできる　・大量のインプット　・日常的な英語
・音声もついている　・ネイティブの学び　・英語嫌いをつくらない

英語の授業減少（週当たりの英語の時間の減少）
<プラス面>
探究・情報・家庭科などをしっかり学ぶことは全人格的な成長にもつながるし、情報の収集や整理の基礎力が身につきよい面もある。
<マイナス面>
・進度についていけない生徒の英語力低下の可能性
・塾に頼り、非効率的な学習で英語力低下をもたらす可能性

AL（アクティブラーニング）
学校では学校でしかできない学び
意見の共有、発表
→家庭学習の充実

今までの教授法、指導内容に多読を加えることに懐疑的な教師を巻き込む

入試のかたちの変更
センターテストから共通テストへ

→文法問題・語句整序などのテクニックではなく、大量の長文の内容理解へ

　もうひとつのポイントは、大学入試がセンターテストから共通テストになったことだった。センターテストが共通テストになったことによって、例えば文法とか語句整序といった問題がいっさい出題されなくなり、長文をひたすら読んで内容の理解度を問う問題に変わった。　そうすると「長い文章を飽きずに読む力が必要」とか、「速く英文を読む力が必要」とか、そういう声が教師たちから上がった。そこで、大量に英文を読んで内容理解に重点を置いた多読であれば、生徒たちが身につけるべき力と重なり、多読に懐疑的な先生たちの理解も得られるようになった。「昔からの進学校としては、入試に直結する力がつくという説得力がないと、なかなか腰の重い人が多かったんです」と大淵先生は語った。ふたつの条件によって多読導入の機が訪れたということだ。

実際の多読授業の構成と図書館の活用

　それでは、実際の授業はどのように行われているのだろうか。桐蔭学園では、中学から高校まで一貫した6年制の中等教育学校と、3年制の高等学校がある。多読は中等教育の3年生と高校1年生の授業で導入されている。中等教育の3年生は週6時間のうち1時間、高等学校の1年生は週5時間のうち1時間で多読が実施されているが、生徒は半数ごとにネイティブの授業と多読の授業を交代で受けることになるので実質的に多読の授業は2週間に1回ということになる。なお、多読の授業は中等ではLL教室を使っているが、高校では図書室で行っている。

　桐蔭学園では、中等教育学校3年、高等学校1年ともに統一的な年間計画・授業案が作成され、それをもとに担当教諭がそれぞれ自分なりにアレンジしながら授業を行っている。

　多読授業の大まかな流れとしては、50分授業のうち最初の10分は英検対策用のリスニングの授業で、残りの40分が多読にあてられる。多読指導は全員が同じ本を読む一斉読みと、生徒一人ひとりが別な本を読む個別読みが行われる。一斉読みではスクリーンを見ながら音声を聞く「聞き読み」で内容を理解する。次に音声を聞きながら「リピート読み」や音声と同時に読む「シンクロ読み」などを行う。また「イギリスのキッチンにはこの洗濯機があるんだよ」といった文化的な内容にまで話を広げていったり、絵からも様々な情報を得ることや、わからない語があっても、前後関係や絵から推測して

中等

中3の授業。最初はリスニングの練習、それから一斉読み。この日は ORT の The Magic Key を読んだ。

ペアになって The Magic Key を読んだ感想を、ひとり1分間ずつ話す。話を聞くほうはあいづちをうったり、質問をしたりする。最後に「読書記録手帳」に記入する。

みることを教えている。これが長文読解の際、意味がわからない語が出てきたときの対応方法の訓練になる。

一斉読みで多読の仕方を学んだ後は生徒各自が自分で読む個別読みだ。最初の段階では生徒が自由に本を選ぶのではなく、生徒を2人1組にして先生が用意した6冊の本を互いにシェアして読んでいく。本にはCDがついており、生徒一人一人がCDプレーヤーで音声を聞きながら読む「聞き読み」、次は声に出して読む「リピート読み」を行う。最後に今日1番面白かった本を隣の人に紹介する時間を設ける。どうしてその本が面白かったのか、理由も添えるように指導している。あるいは、本をぱっと開いて、そのページの描写をするような練習も行っている。これは初級者においては、例えばHe is walking. のように、現在進行形を使えるようにするなどのトレーニングになるし、中級者にとっては、状況と理由と展開を描写するトレーニングとなり、どちらも英検の2次面接の対策にもなるという。

桐蔭学園には棟ごとに学園内に何箇所にも図書館がある。それぞれに工夫が凝らされ、多読の図書も豊富。

無理なく読んでいけるように、時期に合わせた具体的な読み方の目安が掲示されている。

図書委員が積極的に「多読、私の推し」として面白かった本を推薦している。

また、自宅での多読学習として、次の授業までに決められた単語数や冊数を読んで読書記録手帳に記入させてもいる。その際、生徒は記入した読書記録手帳のページの写真をスマホで撮影してロイロノートで先生に送るようにしている。ロイロノートだと、読書記録手帳の写真を匿名にして全員で共有できるので、生徒がお互い刺激し合う形にでき、便利だという。

桐蔭学園で多読に携わる先生およびスタッフは全部で約30人、英語の授業の枠組みの中に不可欠の要素としてしっかり取り入れられ、英語科のチームとして進めていくことができるのが桐蔭学園の強みだろう。

生徒の成績評価に多読をどう取り入れるか

中等教育学校3年、高等学校1年ともにパフォーマンス評価として読書記録手帳に記録された語数（または冊数）をもとに各学年で点数を決めている。記録には読んだ月日、タイトル、YL、感想がすべて書かれていることが条件。高校1年生の1年間の多読の目標は、1学期100冊、2学期4万語、3学期7万語となっている。これでパフォーマンス評価が10点になる。この10点はパフォーマンス評価（100点　20%）、単元テ

スト（100点　20%）、定期考査 (100点　60%）を合計し換算した学期総合点100点のうち、2点である。「わずか2点ですが、点数化することにより、生徒は読みました」と大渕先生は言う。

多読授業の効果

2年前に多読を導入した桐蔭学園では、その効果をどのように評価しているのだろうか。「今の高3の生徒が高1で入学してきたときに、『英語が好きではないとか、苦手な人はちょっと手を上げて』と、集会で言ったら、ほぼ全員95％が手を上げたんです。正直、相当な危機感を持ちました。なんとか英語嫌いにしないで3年間過ごしてもらわなくては、というのが私の中でテーマでした」と大渕先生。

先日、高1で多読を取り入れた生徒たちが高3となって、最後の英語の授業があった。そこで、3年間を振り返って感想を書かせたところ、多読のことを書いてる生徒がいた。「あの当時は多読のよさがわからなかったが、今になって多読が活きてきていると実感した」とか、「英語は嫌いで仕方なくやっていていたが、今では好きになった」といった感想が並んだ。

大渕先生は、最初に多読をやさしいところから始めたのがよかったと考えている。以前は、英文を見たらSVOをふって分析することから読みなさいという指導をする先生が多かった。それを、最初に中学1年程度のやさしい英文をシャワーのように浴びるという体験をさせたうえで、後半の授業でSVOといった文型を教えるようにしたところ、「今までなんとなく読めていたことがはっきりと構造までわかるようになって、3年間ですごく力がついた」という感想を書いてくれた生徒がいた。現段階で英語が好きなまま卒業することができれば、その後も自発的に英語を学んでいけるはずだと大渕先生は期待している。

大渕登志世先生
桐蔭学園 英語科統括主任

物語の中に入り込んで幸せを感じる。小学5年生の夏休みにその日数よりも多い50冊以上（日本語）読んだし、産休中には洋書100ページがノルマだった。当時、多読本の存在も知らず普通に図書館や書店で手に入るものを読んでいた。現在、司書や助手の方々の多大なる支援もあって学内の図書室が充実し、読書手帳を作成し多読本の語数を増やしている。

向かって左から、磯司書、大渕先生、本田先生、宮本先生、山田先生

 学校情報　桐蔭中等教育学校・高等学校

1964年4月、「私学にしかできない、私学だからできる教育の実践」を掲げ「真のエリートの育成」を目指し、学校法人桐蔭学園が横浜の地に誕生した。その年桐蔭高等学校の設立も認可された。翌年、中学校設置が認可され、その後小学部、幼稚部、中・高女子部、大学も設置された。現在は、6年間の中等教育学校、3年間の高等学校に再編中、どちらも共学である。多様性を受け入れ、国際化に対応する教育機関として大きく幅を広げてきている。

3 ラウンド・スピーキング&
ライティングへの流れをつくる

福岡女学院中学校・高等学校　（福岡県福岡市）

自ら実践して確信した多読の効果

　坂本先生が、15、6年ぶりに中学生を受け持つことになり、中1を担当し、手探りで英語の授業に多読の導入を始めたのは、2021年の4月下旬から。それまで13年にわたって高校で多読を取り入れた授業を行い、多聴・多読・多書・多話の4技能を同時に学べる授業を確立。各地から坂本先生の授業を見学に来た多読に関心のある先生方に影響を与えてきた。

　坂本先生が多読に興味を持ち始めたのは、15年ほど前に『快読100万語―ペーパーバックへの道』（酒井邦秀・著　ちくま文庫）を読んだのことがきっかけだ。最初は半信半疑だったが、和書読書は好きなのに、英語ではいくら勉強しても自由に本が読めるようにならない現実に直面したことをきっかけに、ご自身でも1冊数ページのやさしい絵本から始めて4,000冊以上、累計1,000万語以上読んだ（2007～2013年の記録）。その結果、多読は効果があると確信した。語学の習得には、最初に単語や文法の習得から始める演繹的な方法ではなく、大量のインプットを通してたくさんの事例に触れながら単語や文法を自ら体得していく帰納的な方法を土台にしたほうが、より自然なのではないか、と考えるようになった。

多聴・多読・多話・多書をフル回転させる授業を実践

　そこで、授業でも多聴・多読を取り入れ、できるだけインプットの量を増やそうと努めてきた。しかし、「インプットだけでは足りない。多聴多読をしつつも、4技能を同時に伸ばす方法はないか」と考えるようになった折、当時武庫川女子大学附属中学校・高等学校の安福勝人先生が多書の授業をやっていることを知って大きな刺激をうけた。試行錯誤の末、坂本先生自身は多聴・多読・多話・多書をフル回転させる授業を確立し、高校生を対象に実践を重ねてきた。

週1回は多読、残りの時間をどう料理するか？

　そんな坂本先生が、15、6年ぶりに中1を教えることになって戸惑いはなかっただろうか。

「中学1年の担当になることがわかったのは、2021年の3月ですから4月の授業開始までの約1カ月で中1の英語のカリキュラムを考えました。私の中では授業内多読を週1回することは決まっていましたから、残りの時間をどう料理するかということは検討しました」。

その結果、坂本先生がつくった中1のカリキュラムが下記の表。

	教室			Team Teaching	LL教室
JPOPカバー	授業の最初に帯活動として、英語の発音やリズムに馴染むための歌う練習（5〜10分）				
Disney Picture Dictionary	ディズニー絵辞典（英英辞典）の単語の発音と定義を確認した上、ノートに単語を3分ほど書く練習			3ラウンドスピーキング＆ライティング **1st Round** 話し手・聞き手・語数カウント係 **2nd Round** 話し手・聞き手・語数カウント係 ＊声かけ「1st Round」よりも数を増やそう **3rd Round** 話し手・聞き手・評価者 ＊声かけ「話す人はプリントを評価者に渡して、プリントを見ない、見せない。全部アドリブで。身振り・手振り・アイコンタクトを忘れずに」	
読み聞かせ3冊 L0 （50語程度） L1 （100語程度） L2 （200語程度）	読み聞かせだけ	読み聞かせをした後、生徒自身が類推した未知語の語義を辞書で調べさせる	外国人教員と一緒に役柄を分担して読み聞かせ		リピートさせる
	検定教科書 デジタル教科書で英文を聞く→英問英答→英文を見ながら音声を聞いて復習→授業スライドを使って語順を確認させる→語順を意識しながらノートに英文を書き写す			多話三原則 1. 日本語混じりOK 2. 日本語混じりでも英語っぽいリズムで 3. 日本語混じりでも英語の語順で 多書三原則 1. 日本語混じりOK 2. 消しゴムをしまって、間違えたら線を1本引いて消す 3. 日本語混じりでも英語の語順で	・教員が選んだやさしい本を2、3冊配布し音声を聞きながら音読書 ・自分で選んだ本を多読（聞き読み）
グループワーク	パフォーマンステストの一環として行っているグループプレゼンの準備をさせる				

　まず高校ですとマイナスからの出発があるんですね。いままでのやりかたがあるから、多読に抵抗感がある。中1ははじめてですから、この学校ではこういうふうにやるのが当たり前だ、ととらえてくれます。ただ小学校から英語が導入されるようになって、あきらかにいままでと違って、入学してきた時点ですでに英語が嫌いだ、苦手という意識をもった生徒が増えています。ですから、どんな生徒でも楽しめるように、読み聞かせ・J-POP英語カバー・グループプレゼン・日本語混じりOKスピーキング＆ライティングなど、楽しい活動や気楽にできる活動を入れています。英語が苦手、嫌いという生徒でも何かがヒットしないかな、と試行錯誤をしています」。「最近では、生徒たちも慣れてきて、間違いを気にしなくなった、という感想はありますね。確かに最初は緊張していたけれども、最近はあまり考えずに、英語が使えれば英語で話すし、使えなければ日

本語まじりで話すようになってきました。クラス全体がリラックスしてきた感じはあります。それから英語の語数を増やすことを目標にさせているので、基本的に英語をたくさん使おうとはしているようです」。

左が、2021年度の実際の読書記録手帳。右が同じく、読んだ本のレベルの記入表。各レベル最低50冊読むことをすすめている。

中学1年生の語数表（2022年3月　Book Diaryの記録から）			
多読記録	合計語数	合計冊数	1冊当たりの語数
学年平均	29825	195	160
1組平均	23198	199	115
2組平均	37824	189	217
3組平均	27902	198	143
最大	306884	474	1816

3 ラウンド・スピーキング&ライティングの手順

　坂本先生が現在中学1年生でやっている3ラウンド・スピーキング&ライティングの手順は、高校生でやっていた方法と基本的には同じ。しかし、中学生は文法もまだわかっていないので、日本語混じり率も多く、文法的にはむちゃくちゃなところがある。それを許容して、多聴多読することによってどのように伸びていくのかを今観察しているところだという。

　その手順を詳しく説明しよう。

1 マインドマップ（ブレインストーミング）。

ネタを練る。「冬休みの予定」というネタには、「未来を語る表現」や「〜したい」を使うよう指示が出されていた。

2 マインドマップにただ書きなぐるのではなく、相手にわかりやすく話したり、説得力をもって話すには、どういう順番で話せばいいか、余裕があればあとで考えて番号を入れることをすすめる。

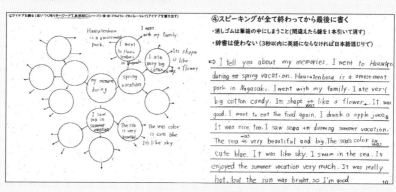

3 3ラウンド・システム　3人ひと組でやる。

4 **1ラウンドめ**→「話す人」、「聞く人」、「ワードカウントをする人」。

2ラウンドめ→メンバーを変えて1ラウンド目と同じことをする。

3ラウンドめ→メンバーを変えた後、「話す人」「聞く人」「評価する人」に分ける。ワークシートの裏にスピーキング評価用レーダーチャートがあり、評価する人は「話す人」の評価を記入する。「話す人」は自分のワークシートを評価者に渡して評価を記入してもらうため、ワークシートを見ながら話すことができないので、身振り、手振りを混じえて、アドリブですべて話すことになる。

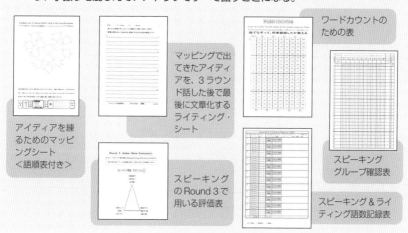

アイディアを練るためのマッピングシート＜語順表付き＞

マッピングで出てきたアイディアを、3ラウンド話した後で最後に文章化するライティング・シート

ワードカウントのための表

スピーキングのRound 3で用いる評価表

スピーキンググループ確認表

スピーキング＆ライティング語数記録表

5 英語の語順表を参照しながら、語順に気をつけて作文をする。時間が短いのできるだけたくさん書けるように、消しゴムは使わずに間違えた時は一本線を引くだけにするとか、分からない単語があっても辞書を引かずに、日本語混じりでよいので英語の語順を守りながら書いてもよいとする、などの工夫をしている。

成績評価は70%が定期考査、平常点が朗読テスト・スピーキングテスト・プレゼンテーションなどのパフォーマンステストを含めて30%になる。多聴多読は基本的には英語の評価には加えない。

これまで中学1年から高校3年までを教えてきた経験から、大学入試でセンター試験から共通テストへと、大量の英文を読んで内容を理解するという方向へ、傾向が大きく変わったことについて、坂本先生は、「多聴多読では、特に『概要把握力』と『リスニングスタミナおよびリーディングスタミナ』がつくので、共通テストのようなテストでは多聴多読を定期的にするほうが有利だと考えています」と、多聴多読の授業の効果を語っている。

1年生の読み聞かせプレゼンテーション。クラスの生徒に大いに受けた。多読からスピーキング、ライティング、そしてプレゼンテーションと、インプットからアウトプットへのスムーズな流れが作られている。

実際、中1が1月に受けたベネッセのテストでは、詳細を理解する力が問われる文法問題で点がほとんど取れない生徒も、定期的な授業内多読で特に物語をたくさん読んでいたためか、フィクション系の長文分野で全国平均に近い得点の生徒が少なからずいた。

坂本彰男先生

福岡女学院のみならず、福岡県を中心とする九州地区でも多読を牽引する坂本先生。和書読書もすすめているため、担任クラスには大量の学級文庫を置いている。

学校情報 **福岡女学院中学校・高等学校**

1885年に設立されたキリスト教系の伝統校。日本で初めてセーラー服を採用した学校としても知られる。音楽や美術など芸術教育にも力を入れている。同じ敷地内に系列の幼稚園や大学・大学院がある。

1週間に1回、全学年で実施

はじめての多読
スタートは「朝読」から！

浪速高等学校・浪速中学校　（大阪府大阪市）

パソコンを使ってオンライン多読
で朝読

　2021年の春からオンラインの多読システム[1]を導入した浪速中学校・高等学校。センターテストから共通テストに切り替わった段階で、リーディングの比重が多く読解力の強化が必要になってくることで対策を考えていた時期だった。もともと学校全体で導入をしていたオンライン学習システム会社[2]からのすすめがあって、価格的な負担が低かったこともあり、このオンライン多読システムの導入を決めたという。

　導入の中心になった多読用の電子版の導入した中学2年生を担当する和田直也先生にお話をうかがった。和田先生ご自身は、導入が決まったとき、多読についてそれほど知らなかった。そのため、「多読を実施している他校を見学して浪速中学校に適した実施方法を研究するともに、高等学校の図書館にすでに多読用の図書が導入されていたので、それを参考にしました」と語る。

　2021年の春に、1週間に1回、全学年で金曜日の朝に「朝読」として多読を取り入れた。小学校でよくある「朝の読書会」つまり「朝読」の英語版だ。

　目的は生徒たちが「英語の力をつけること、英語で読書する楽しみを知ること」。英語の授業の始まる最初のおおよそ5～10分間くらい、電子版を用いた読書に取り組んだ。「自分が読めるレベルを選択する。読めない本は読まない」という方針を生徒たちに伝え、あとは基本的には生徒の自由に任せて、読みたいものを読ませている。

　Excelファイルなどで記録・管理をして、本を読んだ日，読んだ本のタイトル，読んだ本の語数，読んだ本の感想。本の読み方、語数は生徒によってはかなり差があるのが現状だ。理解度は記入した感想でチェックしている。ただし「朝読」の結果は成績評価には入れない。このやり方は全学年を通して共通している。

　中学2年生が1年間多読をしてきた経験から、本の内容について、「レベル0でも難しいものが多いと感じる。本の種類がもう少しやさしくて長いものがあればもっと生徒が読みやすくなる。また身近なアニメ、映画などの話があるとさらに興味が出てくると思う」という注文があった。

　今後の「朝読」の成果を見守りたい。

和田直也先生

浪速中学校英語科教諭。着任9年目となる。高校で5年間、英語を指導した後に中学校英語科に配属される。中学生の内から英語に慣れ親しむことができるように試行錯誤を凝らし、日中学での指導を日々考えていく。英語科から浪速中学校を盛り上げていきたい。

学校情報　　**浪速高等学校・浪速中学校**

大阪市住吉区にある中高一貫の私立高校。2023年が設立100周年。神道が建学の精神としている。グローバル教育に力を入れ、海外語学研修や、夏休みにイングリッシュキャンプなどを取り入れている。高校には昨年から国際コースを設立した。

---

1) コスモピアeステーション　　2) すららネット

さまざまな効果的授業の粋を積極的に取り入れて

多聴多読を軸に
アウトプットを取り入れた
中高一貫6年間の授業

桃山学院中学校高等学校 　（大阪府大阪市）

アメリカの大学院に留学していたとき、辞書を使わずに課題図書を読んでいたご自身の経験から多読授業の効果を確信したと語る小川謙太郎先生。「大学院の課題図書がすごい量で、最初はいちいち辞書を引いて意味を確認しながら読んでいたんですけど、まったく読み終わらなくて。あるときから辞書を引くのやめたら、だんだんと読めるというか、大切なワードと流しても大丈夫な部分がわかって、最後はほとんど辞書を使わずにレポートを書くことができるようになったんです」と、当時を振り返る。

今から6年前（2015年）、中1の授業を受け持つことになったとき、当時関西大学にいた髙瀬敦子先生（→p.44, 106）や福岡女学院の坂本彰男先生（→p.32）の授業を見学して、自身の授業でも多読を導入するに至った。以来6年間、その生徒が現在高3になるまで、多聴多読を軸に授業を行ってきた。

多読の授業では、机間巡視して生徒に声をかけるようにしている。「表紙ではこんな感じかなと思って読んでいたけど、内容を読むとこんな感じでドキドキした」というような反応があると、単に勉強というよりも楽しんで読めているという手応えがある。

多読用の図書としては Oxford Reading Tree を2セット、そのほか Oxford Bookworms、Penguin English Readers などのシリーズなどをコンピュータ教室に配架し、そこで授業を行っている。生徒には授業内で読んだ語数を読書記録手帳に記入させ、授業の後に回収するようにした。生徒の読書量は、中学3年間で平均10万語になるが、高校ではコロナ禍で読書記録手帳の回収がままならず、正確な語数は把握できなかったことを反省点として挙げている。

授業の構成とアウトプット

中1の授業では、週5回ある英語の授業のうちの1回で多読多聴を導入した。とはいえ、最初は50分授業のうち10分とか15分程度を多読多聴にして、それを20分とか25

多読多聴の授業が行われているコンピュータ教室。ヘッドセットを使った「シャ読」が実践されているほか、中2の授業ではオンライン英会話の授業も行われている。

分に増やすようにしたという。多読では「絵をしっかり読もう」というのをキーワードにして、絵から情報を得ることを徹底した。多読多聴以外の時間は、フォニックス活動に割り当てた。中2になると、多読多聴の授業の半分はオンライン英会話で、残りを多読多聴にするという形にした。

多読多聴の授業では、ABC4YOU の鈴木祐子先生（→ p.50）が提唱されている方法を実践したという。音声を聞き、本を読みながら声に出していくというもので、ひとりひとりヘッドセットをつけて声を出して聞き読みするようにさせた。例えば多読の時間が30分あれば 最初の15分は声を出しての聞き読みで、後半の15分は黙読をしてもいいし、前者の方法を続けてもいいという感じで生徒に選択させるようにした。

高校生になると、週に1回は完全に多読多聴の授業にして、さらに1回を英語の多書・多話の授業とした。多書・多話の授業ではトピックやテーマを与え、生徒を3人グループやペアにして、日本語交じりでもいいので英語でアウトプットさせるようにした。また、アウトプットする際に使う英語のパターンみたいなものを練習していった。

授業内での評価は行わない

多読多聴の授業では、「何冊読んだとか何ページ読んだとかによって、評価をするということはしなかった」という小川先生。というのも、点数のために読んだページを稼ぐことが目的となって、虚偽の申請をする生徒がいては本末転倒だからだ。

テストに関しては、初見のリーディングの問題を入れて、ストーリーがちゃんとわかっていれば正解の選択肢が選べるようにしている。多読を通じて自分がどんどん読めるようになれば、初見のリーディング問題でも早く解くことができるということを実感させるのが狙いだ。

小川謙太郎先生

進学コース2クラスと選抜コース1クラスで、同じ生徒を6年間指導されてきた小川先生。多読多聴の授業は中1から受験ギリギリの高3の12月まで続けた。

学校情報　桃山学院中学校高等学校

1884（明治17）年、キリスト教信仰に基づく近代的な教育を理想に掲げた英国人宣教師ワレン師らによって大阪市西区川口に設立された伝統ある学校。キリスト教の自由と愛の精神に基づく学びの場を提供している。

オンライン多読システムも積極活用

多聴多読とオールイングリッシュの授業で、４技能をバランスよく学習

Eunice English Tutorial （埼玉県・さいたま市）

　Eunice English Tutorial（EET）は、埼玉県さいたま市の住宅街にある小学生から社会人までを対象とした英語教室である。1992年設立当初から英語多読を導入している。

EET の３つの柱―21世紀を生き抜く力を養いみんなの夢実現のために―は以下である。

(1) **自分の意見をきちんと持ち、それを表明できる人になれるよう**にめざしている。どのクラスの授業もほぼオールイングリッシュで実施。英語に触れる時間を最大限とる。

(2) 日本人講師とネイティブ講師の二部構成のレッスン。異なる文化圏の講師とのやりとりを通じて、**異文化理解を深める**目的がある。

(3) **英語多読**を、授業内及び家庭でも実施。読むペースや読み方をモニターし、読解力のスピードや理解度を上げ、各自の目的達成をはかる。

英語多読はカリキュラムの一部

　英語多読は全員必修。低学年から英語を自力で読めるかどうかにかかわらず、できるだけ毎日、自分のペースで無理のない程度に、英語の本を開いて読むことを推奨している。４技能をバランスよく伸ばすのに、ネイティブ講師のコースブックを活用したレッスンと、宮下先生のライティング（作文）、読解、多読のレッスンの二部構成。多角的に授業が実施されている。

	日本人講師	時間 (分)	ネイティブ講師	時間 (分)
小学生	歌・単語遊び・本読み（多読）	30	テキストを用い会話中心。	30
中学生・高校生	多読・読解・作文・入試、資格試験対策	45-60	会話 (討論)・読解	45-60
大学生・社会人	多読・読解・作文・資格試験	45	会話 (討論)・読解	45
多読	特に多読にフォーカスした小学生から社会人までを対象とするクラス			90-120

多読、授業のポイント―五感をたくさん使いながら―

小学生　世界の人と話せるように、まちがえにうろたえず、英語で知っている言葉で自分の気持ちを言えて、伝える気持ちを持つ意欲を持てるようにしている。英語の本を読むことで、世界の国々の有名な話を知ることができ、様々な考え方にも触れられる。また、英語の発音にも慣れて、聞いてわかるようになってくる。

＜年間読書冊数：200 〜 400 冊。年間読書冊数：2 〜 6 万語　平均4 万語。低学年ほど毎日読む傾向がある。

　最初は何となくしか読めなくても、年数を重ねて継続していくうちに、音声なしで文字なしでも読めるようになり、理解が深まる。楽しく続けられることが大切で、たくさんの英語の音を聞いて、英語に抵抗感がないようにするとよい。

記録を取る小 6 のひまりさん

中学生　英語での会話を自然に聞き取り内容を理解し、ある程度の長さの英文でも聞いたり読んだりし続けられる英語の力をつけていく。英文を読む際に、文章の構成をとらえながら、趣旨を理解し、英語の論理構成を知ることでコミュニケーション能力を高める。

　フィクションとノンフィクション、ネイティブの子ども向けの本や Graded Readers などタイプの異なる本を読めるようになるようにしていく。中3はノンフィクションが大好き。＜年間読書冊数：40 〜 300 冊。年間読書語数：8 〜 25 万語くらい ＞

中 3 の沙帆さんと Debnam 先生がリラックスしながら英語で話している。小人数なので、ネイティブの先生との会話も自然に多くなる。

高校生　日本と海外の考え方の相違点を比較したり、意見を的確に述べて、討論できるようにめざしている。継続的に英語の本を読むことで、読解速度も速まってくる。説明文と物語文で異なる読み方ができるように慣れていく。説明文は単なる描写なのか、何かを主張する文章なのかなど、文章の特質に合わせた読み方もできるように、要約するような感覚で読めるようにしていく。物語では、登場人物が多くても、理解するには人間関係をとらえていく読み方をしていく。

＜年間読書冊数：36 〜 300 冊。年間読書語数：9 〜 100 万語くらい ＞

高校 2 年生の授業では、宮下先生と Adam Gyenes（アダム・ギネス）先生がペアの授業

取材の日は、宮下先生とアダム先生がペアの授業を行った。ふたりの授業はテーマ的にもリンクをするように工夫しているという。この日は SDGsをテーマに、英語を聞き読みし、英語の問いに対して答えたり、書いたものをもとに生徒同士で英語でディスカッションするという授業だった。

宮下先生はあらかじめ読んでくるように指定した複数の課題本の1 冊であるオンライン多読本＊の *10 ways to be Environmentally Friendly* をプロジェクターにうつし出しながらに授業が進んだ。生徒からはオンライン多読で通学時間が効率的に使えるというコメントがあった。

アダム先生は、高校 2 年生のテキスト『VOA で聞き読み　SDGs 英語ニュース入門』をもとに授業。

＊コスモピアeステーション

英語多読を習慣化させるには

　スキマの時間をうまく活用しながら、いつでもどこでも読むようにすると、英語多読が習慣化してくるのでおすすめ。

（1）無理はしないが継続はしていく

　頭にスーッと内容が入ってくるような無理ではないレベルの本を、立ち止まらずに左から右へと英語のまま読んでいくようにするために、選書をしている。何年生になったのだからどうならないといけないというよりも、好みに合った本をその日の体調に合わせて、可能な長さ読んでいく。毎日読めると理想的。

（2）オンラインとリアルな本を両方読んでいく

　電車の中ではオンライン多読、家のソファーでは本、というように TPO に合わせて読んでいく。ひとりで家庭で多読しているときは、声を出して音声をマネしてみることも推奨。

（3）楽しめる英語多読

　人の好みは千差万別。それぞれが興味のあるテーマの本を通して、楽しいと感じてくれることが大切。自分の気づかぬ興味を引き出せることもある。何でもためしに読んでみて、読むのがつらかったり、本が長いと感じた時には変えてよいと気楽にとらえていく。

生徒の学習意欲を最大限サポート

多読クラスの中３と高２の生徒たち。一人ひとり異なる本を熱心に読んでいる。

　EET は英語教室でも英語以外の教科も生徒が必要ならば教えている。通常の英語の授業とは別に、教室の卒業生の大学生講師に質問をしながら学習できる。生徒の自立性を尊重し心をこめてサポートする、新しい形態の授業である。英語以外の教科も対応している。生徒の学習意欲に精一杯こたえたいという宮下先生の思いが伝わってくる。

　宮下先生は、「多読は一度始めると一生続けられます。受験や英語力アップという短期的目的のためのみならず、生涯続けてほしいと願います。年代別に目的や方法は異なっても、祖父母と孫のように世代を超えての共通の話題にもなります。一家で多読をしているケースもあり、幅広い世代へおすすめしたいです」と語っている。

代表　宮下いづみ先生

小学生から社会人までを対象に、世界で活躍できる人材育成をめざしている。『ドラえもんはじめての英語図鑑』（小学館）などの著書あり。日本経済新聞に「おもてなし会話術」を連載。明治大学・武蔵野大学・実践女子大学非常勤講師。

教室情報　**Eunice English Tutorial**

英語多読、オールイングリッシュの授業の学習塾。e ステーション（コスモピア）、Trueflix（スカラスティック）のオンライン多読と、蔵書約２万冊（2022 年３月）で多読を実施。https://eunice-english-tutorial.mystrikingly.com/

二刀流多読 —— 宮下先生からの オンライン多読の活用法とアドバイス

2019月4月よりオンライン多読を導入しています。コスモピア（株）の「e ステ」は小学生から社会人まで、スカラスティックの Trueflix は中3から高校生まで利用しています。オンライン多読は課題が出しやすく、生徒も教師も検索がしやすいので、様々な使い方ができてとても便利です。手に取らず各自のディバイスからのアクセスなので消毒も必要ありません。違うタイプの本を読んでほしいとの願いから2社と契約しています。

課題を設定することは生徒にも講師にも有益です。何を読むかわかるのでオンライン多読を生徒が安心して利用できて、講師も確認を取りやすくなります。e ステでは、クラスごとにページを作成し、Trueflix は Google Classroom との連携が可能です。利用するデバイスは、通学の際にはスマホ利用者が多く、家庭学習ではタブレット利用が快適なようです。紙の本も人気なので、生徒の好みに合わせて併用する二刀流多読を実施中です。生徒数の多いクラスでは、オンライン多読ではデータが自動で計算されるので、講師が確認しやすくなります。いずれも、読書記録は各自が「多読手帳」に記入し、講師も生徒の読み方をチェックします。楽しく継続するのが重要ですね。

コスモピア e ステーション

聞き放題と読み放題を利用しています。読み放題は語数の少ない絵本から、読み応えのある本までさまざまな種類の出版社の本を約2,000冊（2020年3月現在）のラインアップです。クラスごとに課題を設定し、その中から生徒は自分で選んで読み進めます。読み終わるのが早い場合は、自分で検索して読むこともできます。読んだかどうかはデータで確認することができるので安心です。操作がわかりやすく、講師が困ったときにはサポートを受けられるのが助かります。（コスモピア e ステーションについては→ p.82 参照）

Trueflix

アメリカの Scholastic 社の、小学校の副教材です。人物、地域、歴史の分野に12のテーマ、科学と自然の分野に15のテーマがあり、それぞれにいろいろな本が入っています。1分間のビデオを見てから、本を読むと理解がスムーズです。また読むことに加えて、プロジェクトやどんな活動ができるかなどの情報もそれぞれの本にあり、発展的学習にも有効です。「興味ある本で写真がきれいだからたくさ

ん読んでしまった。成績も上がってうれしい」（中3好花）など生徒たちから好評です。語数や作品について書かれた記録ノートがあり、読んだ本がわかりやすく自己管理できます。（Trueflix については→ p.84 参照）

「多読多聴クラス」そして「多読クラブ」も

英語劇やプレゼンテーションに つながる「多読多聴クラス」の試み

岩野英語塾　（大阪府豊中市）

　小学4生から高3まで一貫の英語教育を基本に、豊中で60余年の歴史をもつ岩野英語塾が、本科[1]のクラスに並行するような形で2016年に「多読多聴クラス」を開設した。以前から多読に関心があった小浜塾長が、JERA関西多読セミナーなどに参加し、当時英語学習初期の中1生に英語の絵本の読み聞かせをしていたことがきっかけとなり、多読指導の経験豊富な高瀬敦子講師（p.106参照）が中心になって小学校4、5年生のためのプログラムをつくった。[2]

　岩野英語塾の多読クラスの特徴は小学4年生からの継続で、聞いて読むことから発展して、英語劇、プレゼンテーション、多読本の著者に手紙を書くなど、様々な発信の形へと発展していることである。多読用の図書は約3,000冊、2021年に「多読クラブ」が誕生した。

「多読多聴クラス」活動の記録

　2016年から始めた「多読多聴クラス」の歩みを、2016年の開設時から参加した1期生と2018年入塾の3期生の活動を通して見てみよう。

＜1期生＞
● 2016年度：多読多聴クラス1年目　（小4）

[テキスト]　*English World 1*（Pearson Longman）：英語学習導入として使用。

[物語を理解する練習]　字のない絵本 Oxford Reading Tree Stage 1（ORT 1）を見てストーリーを理解し発表する。

[多読・多聴・音読]　8月から音声ペンを使用し、聞き読み音読練習開始。（ORT 1-3）自宅で聞き読み練習をして、授業で音読発表。（Q & A で内容理解を確かめる）

[リスニング・音声訓練]　様々な歌を聞き、聞こえた単語を発表する。一緒に歌う。（*Today is Monday*、*Old MacDonald Had a Farm*、*Five Little Monkeys*）など。

[語彙学習]　目的：日本語を介さずに音声と絵で英単語学習、音声と文字を結びつける。
(1) テキストや絵本に出てくる単語を用いてフラッシュカードを作成
　　教師がカードの裏に新単語を書き、生徒は表に好きな単語の絵を描く（年間約500語）
　　使用法：授業最初に絵を見て発音、次に文字を見て発音、カード取り等
(2) Word Finder（単語探し）、Three-Letter Words ゲーム、クロスワードパズル

[書く練習]　ペンマンシップ

● 2017 年度：多読多聴クラス 2 年目 （小 5）

[テキスト] *Let's Go 1, 2*　（Oxford University Press）

[多読・多聴・音読]　1 年目に続き、音声ペンを使用し自宅で聞き読み音読練習、クラスで内容理解を確認しながら、音読発表。ORT 4-8、Pearson English Readers（PER）0-1

[リスニング]　多聴と精聴を組み合わせ、同じストーリーを 5~6 回聞き、リスニング力強化。
テキスト：Kid's Classic Readers（KCR）（Seed Learning）.
(1) Listening Comprehension:（テキストを見ないで聞き、全体内容把握）
(2) Error Finding（音声を聞きプリントの間違い探し：1 行に 1 カ所間違い作成）
(3) Partial Dictation（音声を聞き、空所埋め）
(4) Parallel Reading & Shadowing, Singing
＊ 12 月には Woodland Christmas（Twelve Days of Christmas）を使い (3)、(4) のみ。

[リスニング＋スピーキング]　リスニング力とスピーキング力を同時に鍛える練習。
(1)「BB カード」（64 枚の絵カードと、それに対応する英文のカード）教師が英文を読み、生徒が英文を繰り返しながら絵カードを取る。正確に繰り返した生徒が絵カードを獲得。次に生徒が交代で字カードを読み、徐々に英文を暗記する。
(2) 動詞カードの絵を見て文を作る競争。
(3) Trivial Pursuit（雑学クイズに答えるゲーム）

● 2018 年度：多読多聴クラス 3 年目 （小 6）

[テキスト] *Let's Go 3-4*

[リーディング] *True Stories*（Longman）
(1) テキストを見ずにリスニングで全体の内容把握
(2) リーディングで内容確認
(3) 単語クイズ・内容理解問題を解く
(4) リスニング、パラレル・リーデイング、シャドーイング

1 期生が 6 年の時に、JACET 文学教育研究会で、順番に発表した。（2018 年 6 月）

[多読・多聴・音読] ORT 6 - 9, Macmillan Readers（MMR）1、Oxford Bookworms（OBW）0、Foundations Reading Licrary（FRL）1- 7

[リスニング] KCR 4-6（前年の活動を継続）、Compass Young Learners' Classics（CYL）1-3

[リスニング＋スピーキング]　（前年の活動を継続）

[文法学習] *Basic Grammar in Use*（Cambridge）

[その他の活動]
(1) 多読セミナーで、多読の感想を英語又は日本語で発表（JACET 関西文学教育研究会）。
(2) Rob Waring 氏（FRL の著者、*p.*122）の GR 作成に関する講演に出席（関西多読セミナー）。当時楽しく読んでいた FRL の作家に英語で自己紹介をし、他の生徒から託された多読記録手帳にサインをもらい、新作の World History Readers を 1 冊ずつプレゼントされた。全員が、Waring 氏に FRL の感想を含めて、お礼状を書いた。初めての英文での手紙であったが、それまでの聴き読み読書量がクラス平均 442 冊（327-458 冊）、142,631 語（64,382-208,528 語）であり、様々な英文に慣れていた。気に入った FRL のストーリーを、各自のクラブ活動や趣味と結び付けて、それぞれ独創的な内容のお礼状を書いた。

● 2019 年度：多読多聴クラス 4 年目 （中 1）
（ 2 名を残して、ほかの生徒は本科コースや総合塾に移った）

[リーディング] *More True Stories* 方法は前年と同じ

[多読・多聴] ORT Time Chronicle（OTC）、Cambridge English Readers（CER）0

[リスニング] CYL 4-6

[文法学習] *Basic Grammar in Use*（Cambridge）前年からの継続

[翻訳] 英語の絵本 Granny Mouse Ears（Jo Anne Cushman Burrill、2018）の翻訳

2019 年発刊の同じ作家の絵本（*Granny's Trilogy*） が "2020 INDEPENDENT PRESS AWARD Distinguished Favorite Category" を受賞した。2020 － 2021 年にこの作品も 2 人で翻訳した。

1 期生で中 1 まで残った生徒たち。英語の絵本の翻訳を終了！

＜ 3 期生＞
● 2018 年度：多読多聴クラス 1 年目 （小 4）
1 年目の授業内容は基本的に 2016 年の 1 期生とほぼ同じであったが、ほとんどの生徒が、小学校での英語授業や、個人で会話を学んでいたため、進み方は速かった。

[テキスト] *Let's Go 1*（Oxford University Press）

[多読・多聴・音読] 5 月から音声ペン（ORT）や CD を使用し、多読・多聴・音読練習開始。クラスで音読発表（ORT 1-4, Sight Word Readers（SWR））

[語彙学習] 目的、方法は 1 期生と同じ

● 2019 年度：多読多聴クラス 2 年目 （小 5）
[テキスト] *Ready for Learning World , Learning World 2*（本科コースと同じテキスト）

[多読・多聴・音読] 1 年目に続き、音声ペンや CD を使用し、自宅で聞き読み音読練習、クラスで音読発表 （ORT 4-6）

[リーディング] *Very Easy True Stories*、*Easy True Stories*：内容理解、練習問題終了後に、文章を少しずつ覚えて皆で話を完成させる。

[リスニング] KCR 1-3

（1）-（4）授業内容は 1 期生と同じ
（5）テキストの最後についている Playlet で配役を決めて読む練習。

[英語劇] 10 月：英語劇（白雪姫）。中学 1 年の英語暗唱大会の後に発表。KCR の playlet を長く編集し、保護者・教師・暗唱大会クラス代表中 1 生の前で披露。（小 5、小 6）

3 期生が 5 年生、6 年生の時に行った白雪姫の劇の際に。持っているのは役のイラスト

● 2020 年度：多読多聴クラス 3 年目 （小 6）
[テキスト] *Learning World 3, 4* （本科コースと同じテキストを使用），

[多読・多聴] （ORT 6 - 9、Magic Tree House（MTH）、PER 0-1、OBW 0-1）

[リーディング]　True Stories：方法は一期生と同じ

[リスニング]　KCR 4-6 前年度の続き

[プレゼンテーション]

COVID-19 のため、密を避けて、英語劇をオンライン・プレゼンテーション に変更。

　ゲストに ORT シリーズの著者 Roderick Hunt 氏とイラストレーターの Alex Brychta 氏を招待。コメントを含め発表者と直接のやりとりがあった。プレゼンテーションには、このクラスの生徒以外に、1 期生・2 期生から 6 名、本科コースから 3 名が参加した。プレゼンテーション後に発表者は全員、2 人にお礼状を書いた。

➡

● 2021 年 5 月：多読多聴クラスに加えて多読クラブ開始

岩野英語塾の小学生から高校生まで、及び、多読多聴クラス出身者に希望者を募って「多読クラブ」を開始した。 学年は問わず多読希望の生徒のみの自由参加。チケット制で、出席日にチケットを提出する。学校のクラブやテストなどで都合がつかない日は参加自由。一斉授業ではなく 1 時間の SSR（授業内多読）で、読書の助言をし、学習者の英語レベルと好みに応じた本を勧め、貸し出しをする。現在の登録者は 12 名で、出席者は平均 7、8 名。

* 注 1) 「多読多聴クラス」と「本科コース」について

　　多読多聴クラス：小 4（週 1：60 分）＝＞小 5（週 2 回各 90 分）＝＞小 6 本科コースに合流

　　本科コース：小 5（週 2 回各 90 分）＝＞小 6（週 2 回各 120 分）

　　本科コース：中 1 追い上げコース（週 2 回各 135 分：主に中学受験生対象クラス（3 年分のカリキュラム）

　　多読多聴クラスは、2 年間の多読多聴中心の授業の後、6 年生で本科コースと合流することになっているが、中には 5 年生から本科コース希望の生徒や 6 年まで多読多聴クラス希望の生徒もいるため、生徒の学習状況も加味して、保護者との話し合いを行い、臨機応変にして、例外を認めている。（例：多読多聴の第 1 生は、中 1 まで多読多聴クラスを強く希望した生徒がいたため、彼らは中 2 で本科コースに合流した）

　　基本的に多読多聴中心のクラスは小 4・小 5 のみ。本科コースの小 5 クラスは 15 分間の授業内多読、小 6 クラスは授業外での多読、中学生は授業外ではオンラインで多読多聴を行っている。

* 注 2) [岩野英語塾と多読の関係]

　　1995 – 2000：岩野英語塾で高瀬先生（主に高校生担当）が、塾のカリキュラムとは別に、担当クラスで英語の本を貸し出して多読を奨励した。高瀬先生は当時、梅花高校で多読指導をしてその効果を実感していた。

　　2006：関西大学 e-LINC ワークショップ「多読で引き出す読む意欲」（高瀬先生講演）に塾長が参加。

　　2007 – 2013：「JERA 関西多読セミナー」に塾長が数回参加。

　　2014：岩野英語塾にて教師に向けた多読セミナー「多読・多聴で向上する英語基礎力・運用能力」（髙瀬）

　　2016：岩野英語塾 小学 4 年 多読多聴クラス開始（髙瀬）

 高瀬敦子先生

幼稚園児から 80 代までの様々な学習者に、英語で読書を楽しみながら英語運用能力が向上する多読多聴を紹介してきた。公教育の場では、過去 27 年間に 1 高校と 6 大学で、現在は小・中学生と大人のクラスで多読多聴指導を行っている。

塾情報　岩野英語塾

故岩野直枝により 1955 年に寺子屋のような形でスタート。少人数、コの字型の机の配置で、コミュニケーションを大切に、子供たちが論理性・推理力・豊かな感受性を身につけ、より高い、より幅の広い人間へと成長できるような授業を行う。

コラム
岩野英語塾

ORTの著者Rodさんと Alexさんをゲストに Zoomでプレゼンテーション!

2021年12月5日、前年同様、Oxford Reading Treeシリーズの著者である Roderick Hunt氏とAlex Brychta氏を招待して、プレゼンテーションを行った。 おふたりは2020年に続いてZoomでの参加だった。参加者は、多読クラブの7名 (小6が1名、中1が5名、中2が1名)。プレゼンテーション後に、全員クリスマ スの挨拶とお礼状をRodさんとAlexさんに書いた。

下記は、プレゼンテーションの後、zoomを介してのRoderick Hunt氏とAlex Brychta氏のコメントの一部を、音声ファイルから文字に起こしたもの。

EXTENSIVE READING

Iwano English Juku ER/EL Club Presentation

2021/11/05 (6:00 P.M. Japan / 9:00 A.M. U.K)

Program

* Opening Address — Ms. Izumi Kohama (Headmaster)
1. My Favorite Books — Hina Katsube (JH1)
2. Hardworking Elegant Ballet — Conatsu Tomita (JH1)
3. Table Tennis — Alto Teshigawara (JH1)
4. My Favorite Food — Kanae Watanabe (6th Grade)
5. My Favorite School Subjects — Sogo Matsuyama (JH1)
6. My Favorite Book — Miyu Hioki (JH1)
7. Boy Scout Activities Part 2 — Kei Matsumura (JH2)
* Comments from Dr. Roderick Hunt & Mr. Alex Brychta

プレゼンテーションに参加したメンバーと多読 クラブの生徒たち

1 My Favorite Books
(中1 Hina Katsube)

My Favorite Book

Rod: Well done, well done!

Alex: Very good, very good! Thank you.

Rod: That was a lovely presentation, and your Power Point was so well constructed. I thought it was marvelous! We are very pleased you like our books. Alex and I are delighted that you love Biff, Chip and Kipper because we think of them as real children. We don't think they are characters in a book. To us they are like living characters. It's funny because they would be about 35 years old by now… or even older!

2 My Favorite Food
(小6、Kanae Watanabe)

Alex: That was very interesting, Kanae. I didn't know anything about how

Mangoes grow, but I love mangoes, and I have mangoes upstairs in the kitchen, which I'll eat later. But I didn't know they grow on these trees. I've never seen the mango farm. I have only seen the fruit itself. So that was very interesting. Thank you very much. This is amazing.

Mangoes in India

My Favorite Food

Rod: I remember eating mangoes in the Caribbean, and they were so juicy that we went into the sea and sat in the water to eat them, because we were getting soaked by much juice on our chests as we ate them. That was a really interesting presentation, and well done.

③ Boy-Scout Activities Part 2
（中2 Kei Matsumura）

Rod: That (Quiz) was a good idea to make us concentrate.

Alex: Can I also say that both Rod and I have a connection to scouts, and I am still now. I've been a scout leader for 18 years. And, in fact, I'm now the section leader for the last

Boy-Scout

5 years of our local scout group. I was pleased that you do the same sort of things that we do here. Because those cardboard ovens with the aluminum foil lining, that's exactly what we do with our scouts. And, of course, the fun thing is that some of the boys don't quite line it properly and the hot cord inside set fire to cardboard, and everything just burns up. So we try to teach them to be able to cook that food.

Alex さんが Q&A のときにリクエストに
応えて描いてくれた Floppy のイラスト。

Rod さんと Alex さんに、参加者みんな
で書いて送ったクリスマスカード。

多観と多読、シェアリングを生かして

生徒たちの世界を広げる 多読指導の拡張に挑戦！

ABC4YOU　（東京都世田谷区）

ABC4YOU（代表：鈴木祐子先生）は 2007 年に乳児や幼児のみを対象とした児童英語教室としてスタートした。しかし生徒の成長につれてクラスが増え、小学生クラスが始まった 2009 年頃には多読を全面的に導入するようになった。

鈴木先生が多読を導入したのは先生ご自身のお子さんが 7 歳になったとき、「大手の英会話教室に連れて行っても、読むというところにつながらない」という体験をしたことがきっかけ。鈴木先生ご自身は 5 歳から 10 歳まで、ニューヨークの現地校に通った帰国子女で、読むことの大切さを痛感していた。

●小学生から社会人クラスまでの主なレッスン内容（例）

対象	基本的なレッスン内容	宿題
プレ多読クラス（小学生低学年まで）：60分	[20分] JY Phonics Kids などのワークブック（CD をかけながら V, V, V is for violin などをリズムと一緒に声に出して繰り返す）[40分] 宿題で観た動画のふりかえり、アイデア出し song、手遊び、Action Game、音当て / Blend Game、絵本の読み聞かせ	動画の視聴（アニメの DVD、1 話）と感想＋ワークブック
小学生クラス：1 時間 30 分	[60分] 先生と相談して選んだ本を各自読む。絵のみ→文字を隠して絵を見ながら音声をシャドーイング→聞き読みの順に最低 3 回は読む。[10分] 絵本の読み聞かせ、絵本紹介 [20分] 各自の状態に合わせて次の①または②の活動。① JY Phonics Kids などのワークブック　②前半の多読の続き	絵本やリーダーの多読
中学生・高校生クラス：2 時間	[60分] 先生と相談して選んだ本を各自読む。まずは別の本などで字を隠し、読んでいる本の字が見えない状態にし、シャドーイングしながら読む。このとき、挿絵を見るために本を開くが、文字は見ない。文字を見る前に、まずは音声と絵から物語を理解する。[20分] テーマの深堀り（ひとつのテーマについて皆が知っていることを共有し、関連の英語の記事を読むか、動画を視聴し、さらに理解を深める）[10分] ブレインストーミング、スピーキング（深堀したテーマについてペアになって、会話にして表現する）[10分] 作文（会話表現した内容を英語で書く）[20分] 絵本の読み聞かせ・生徒によるおすすめ本紹介	絵本やリーダー、ペーパーバック（原書）の多読
社会人クラス：2 時間	[90分] やさしい本からスタートし、自分のレベルにあった本をどんどん読む。[30分] ブックトーク	絵本やリーダー、ペーパーバック（原書）の多読

実際にどんな本を読み、どのくらいの語数になっているか、週当たりの語数をリストしてみる。

●多読を始めたばかりの生徒が読んでいる本と週あたり語数の例

学年	種類	語数／週
小3～5	Oxford Reading Tree（以下、ORT）1、Longman Literacy Land（以下、LLL）1	50～100
小6、中1～中3、高1	ORT 1、LLL 1	1,000～2,000
中1～中3、高1	ORT 2、ORT 3、LLL 2、LLL 3	1,000～2,000

●多読歴2年め以降の生徒が読んでいる本と週あたりの語数の例

学年	種類	語数／週
小3	ORT 1, LLL 1、絵本（JY Books、Moojin）	300～1,200
小4	ORT 1～3、LLL 1～4、絵本（JY Books、Moojin）	1,000～2,000
小5	ORT 4～5、LLL 4～6、絵本（JY Books、Moojin）	1,400～2,000
小6	ORT 6～7、Project X Code、Clifford (Scholastic Read-Along)、Robins、WolfHill	1,400～5,000
中1	Project X Code、ORT 8～9、UFR 3～4、UYR 1、WolfHill	1,800～3,500
中2、中3	Project X Code、UYR、ORT 9、Fast Forward、Robins、WolfHill 、絵本＊	3,000～6,000
高1	ORT 6、Zack Files、WolfHill、LLL 9、Nate、Rainbow Magic、Magic Tree House、絵本＊	6,000～13,000
高2	WolfHill、Stepping Stones、TrueFlix、A to Z、Franny K Stein、Marvin Redpost、Rookie Readers、絵本＊	3,000～17,000
高3（受験生）	Mr. Putter and Tabby、Fox シリーズ (Penguin Young Readers 3)、Marvin Redpost、Jake Drake、*Someday Angeline*、*Things Not Seen*、*Charlotte's Web*、*The Story of Tracy Beaker*、*Matilda* など、YL4～6 のペーパーバック。	20,000～25,000

音から文字へ

鈴木先生の授業は基本的に教材は音声付きのオールイングリッシュのものを使うが、必要に応じて日本語を使って生徒とコミュニケーションを取る。ひとりで本をどんどん読む多読に入るのは小学生クラスで、小学生低学年までの生徒には歌やゲームなどの活動のひとつとして絵本の読み聞かせを行っている。

英語の音がある程度吸収できたところで、フォニックスのワークブックを併用し、耳にしたことのある音を文字として目にすることで、音と文字を結びつけていく。フォニックスを幼小クラスから取り入れている理由は「聞いた音をそのまま出せるようになることが重要なので、まずは、音→字であることが大切であって、字→音はその後で取り組むべき

*絵本：*Jumanji* (by Chris Van Allsburg)、*The Arrival* (by Shaun Tan)、*The Dark* (by Lemony Snicket, Jon Klassen)、*The Matchbox Diary* (by Paul Fleischman, Bagram Ibatoulline)、*Lost and Found* (by Oliver Jeffers) など、一般的な絵本

ことと考えているからです」と鈴木先生は言う。また、本の朗読音声を聞きながら文字を見ずにそのまま声に出すシャドーイングを生徒は行っているがその効果も大きい。

多観の効果と多読の関係

英語の動画を見ること（多観）も積極的に取り入れている。「日本語の動画よりも英語の動画のほうが圧倒的に量が多い。母数が大きいために魅力的なコンテンツも英語の動画には多いですよ。多読のモチベーション維持には多観は必須とこの頃は考えています。多観によって多読だけでは得られない"何か"——なぜ今、英語を聞けたり読めたりしなくてはいけないのか、なぜ多読をするのか、を生徒が納得できるようになる"何か"——が得られますね」と鈴木先生は語る。

鈴木先生がおすすめするレベルごとの動画には下記のものがある。

- **初心者** 洋楽のプロモーションビデオ
- **初級者** ミュージカルドラマ、ミュージカル映画、オーディション系番組
- **初級から中級へ** トークショー（バラエティ）
- **中級者** ドラマ、映画
- **上級者** ドキュメンタリー、ニュース、教育系（海外の若者向け）

実際の授業では、動画とリンクした記事を読んだり、記事に関連した動画を見たりするなど、相互に関連させて使っている。そうしているうちに「多読多観の境目がなくなるんですよね。知的興味や関心に応じてよりよいもの、より自分が興味のあるものを探し始めて、読んだり見たりするようになってきます。大学受験生あたりになってくると、多読と多観の素材をミック

ABC4YOU の壁いっぱいの白い本棚には、児童書も含めて魅力的な本がいっぱい。

スできるようになり、日本語であるか、英語であるかという境目もいつのまにかなくなってきますよ」と鈴木先生は言う。

読んだ本についてできるだけ対話する——シェアリング

本を読むときにはまず本そのものと対話することが必要になる。たとえば心の中で、本を読みながら、「えっ、いったいなぜ？？」と突っ込みを入れる。「その気持ちわかる、わかる」と登場人物の気持ちに寄り添う。「でも私だったらここで謝るよ。だってほら、やっぱり誤解されちゃったじゃん」などと、本の中に入り込み、登場人物の誰かに話しかける。

このように本と対峙することが、自ずと考えを深めることになる。

そして次の段階が、鈴木先生が英語の指導で最も特徴的で、大切にしているシェアリングだ。シェアリングとはおもしろいドラマや映画について誰かと話すように、自分が読んだ本の内容について話すこと。他の人が自分の言葉にうなずいてくれる姿を見て「これでいいんだ」と思える。他の人の言葉を聞いて「そんな風にも捉えられるんだ」と視野を広げ、考えを深め、多角的な見方ができるようになる。

鈴木先生は読んだ本について、できるだけ生徒と会話をする時間を授業中に設けている。先生は生徒が本を読み終えるタイミングをみて、生徒に声をかける。「どうだった？」「心に残ったところは？」と生徒の反応を確かめつつ、ストーリーが理解できているかもチェックし、次に読む本を生徒と相談して決定する。また、生徒同士の読み聞かせ、生徒によるおすすめ本の紹介、もシェアリングになる。そしてその内容を英語や日本語で書いたり、それを生徒同士が英語でもしくは日本語で語りあう時間を設けている。

鈴木先生、シェアリングの真っ最中。生徒一人ひとりとしっかり時間をとって話す。

鈴木先生の指導のポイント

・絵の情報だけだと異なるストーリーとして理解してしまう生徒もいるので、最初は丁寧に生徒の話を聞く、一緒に読む、などを繰り返し、時間をかけて理解力を育むこともある。

・もっと難しい本を読みたいという気持ちが強くなりがちな生徒には、その気持ちを抑えて自分に合ったレベルの本を読むようにサポートしてあげる。

・聞き読み、黙読、のいずれも、すらすらと声に出せるという自信だけでレベルを上げたがる生徒には要注意。ストーリーをどのくらい楽しめているかを把握し、必要ならばレベルを下げた本を今のレベルの本に混在させて提示する。放っておくと、レベルが上がったときにつまずく可能性が高い。

・聞き読みや、シャドーイングの際に言葉ばかりに集中してしまい、ストーリーに意識がまわらなくなってしまう生徒もいる。この場合「楽しむ」余裕がなくなっているので、ストーリーを楽しむことの大切さを喚起し、絵をよく見るよう促す。ときには、本のレベルを下げることで対応する。

間違いを直さない時間も大切

中学生・高校生のクラスでは、多読のほかに作文やスピーキングの時間がある。この時間はどんどん「書く」、「話す」をさせる。先生は文法を細かくチェックしたりしない。というのは、文法は学校の勉強で学べることなので、ABC4YOUではどんどんアウトプットしてほしい、とのことだ。「学校とは違って『間違いを直さない時間』を提供することも英語を使えるようになるには大切」だと鈴木先生は語る。

鈴木祐子先生

ABC4YOU 主宰。幼少期をアメリカで過ごし、現地校に通う。結婚後再びニューヨークで出産・育児。帰国後、英語教室を開く。保育士資格を所有。

教室情報 ABC4YOU

少人数制。「英語を英語のまま理解できる」、「考えなくても英語の言葉が出てくる」ようになることを目的とした多読指導を行う。2022年、多読的受験指導により東京大学をはじめ国公私立の難関大学に合格者を輩出。https://abc4you.jp

55万冊を超える蔵書数！

圧倒的な蔵書ときめ細かい指導が行き渡る多読の牙城

科学的教育グループ SEG （東京都新宿区）

生徒を取り囲む圧倒的な蔵書数

SEG 代表の古川先生の「読書だからどんなマイナーなニーズにも応える」という姿勢のもと書籍が集められている。昨年は"DEMON SLAYER"、すなわち『鬼滅の刃』の英語版コミックが生徒に人気だったそうだ。

　大学進学塾SEGでは、中学1年生から高校3年生を対象に、英語の多読コースを開講。圧倒的な蔵書数ときめ細かい選書のセンスで、多読学習のモデルとなっている。また多読とともにネイティブ講師による英会話の授業がセットになっているのも特徴だ。今回は、高校1年生の多読クラスを見学させていただいた。

理念

　「心に広がる数学の世界を！ 多読・多聴で生きた英語を！」という理念を掲げる進学塾「科学的教育グループSEG」（以下、SEG）。英語の教育では、未だに多くの学校や塾では、「文法の説明」「単語の暗記」「和訳」が中心であるが、いくら文法や単語を覚えても、流暢に英語が使えるようにならないというのがSEGの見解だ。生徒は多くの生の英文に触れ、文法や単語が実際の文脈でどう使われるのかを知って、初めて自然な英語を話せるようになる。「読めるけど話せない」と言われることが多いが、実態は「読めないから話せない」のだとSEG理事長で多読授業を主宰する古川昭夫先生は言う。古川先生の考えは、「大量に読んでスムーズに長文を読めるようになれば、必ず話せるようになる」というものだ。

学習環境

　SEGの蔵書数は55万冊を超える。上の写真からもわかるように、1教室の中でも、定番のGraded Readerから、昨今のマンガまで余すことなく取り揃えられている。ラ

インアップは、絵本、英語リーダー、マンガ、雑誌、専門書、ペーパーバックと多岐にわたる。このような読書環境は国内外から注目を集めており、国内のみならず、世界各国から見学者が絶えないという。

この充実した学習環境が整った教室で、まず日本人による多読指導が行われ、次に外国人講師による、精読・文法・会話・Writing の授業が行われる。

実際に生徒が読む書籍たち。生徒による英語力・読書経験・趣味が異なるので、自分が読めるやさしいレベルの本から、読める本のレベルを少しずつ上げていき、全員が違う本を読むことになる。

【日本人講師による多読指導】（80 分）
1 クラス 8 〜 18 名の少人数クラス

まず、多読指導の授業の最初には、1 時間 15 分かけて、英語で書かれた書籍を読む。多読においては、辞書を引きながら読まないというのが基本原則と言われることもある。しかし、授業を担当する古川先生は、電子辞書で調べながら読んでいる生徒に、親身になって進捗を聞く。たとえ成績が伸びない生徒がいても、「読み方をていねいにできるように、生徒によってレベルを合わせてフォローをします」と先生は胸を

生徒は、塾オリジナルの記録手帳で記録を付ける。

張る。多読に勤しむ生徒の机をまわって、ひとりひとりに合った本（この日は写真にあるような最新のヤングアダルト作品だった）をすすめるのだ。

その後 5 分間で、リスニングを行う。リスニングは、共通テストのリスニング問題の再生速度を上げた音声を使って行われる。速度を上げて問題を解いているにもかかわらず、ほとんどの生徒が正解しているようで、丸をつける音が教室に鳴り響く。今回のクラスは多読授業の締めとしてリスニングを実施していたが、音読やシャドーイングを行うこともあるとのことだ。

▌生徒の声

実際にある生徒に話を聞いた。中学 1 年生から通い始めたこの生徒は、両親にすすめられて、本をたくさん読むのが楽しそうだと SEG の門を叩いた。小学生から英会話を習っていたが、SEG でオックスフォード大学出版局の Oxford Reading Tree や、センゲージ ラーニング株式会社の Foundations Reading Library などの Graded Readers から多読を始めた。中学 3 年生のとき受けた模試で英語の点数が大幅に伸びたり、Cupcake Diaries などのシリーズものの作品を読んでいるときにどんどん読み進められたりして、英語力の上昇を実感するという。多読の原則として、「好きな本を読み、つまらなくなったらその本はやめる」というものがある。しかし、自分と同世代のティーンエイジャーが主人公のヤングアダルト作品など、自分の好きな作品を読めるようになってくると、楽しくてやめられないそうだ。彼女は高校 1 年生の現段階で、YL（読みやすさレベル）6 を超えるレベルの本を読めるようになっている。

外国人講師による All English で精読・文法・会話・英作文の指導（80分）

　20分の休憩の後、外国人講師による All English で精読・文法・会話・英作文の指導が始まる。

会話指導

　外国人講師による指導は、フランクな会話から始まる。前の授業から、今回の授業までの間に生徒が経験した出来事などを気兼ねなく聞いて、シェアしていく。その内容は、「スカーフを買った？」であったり、「焼肉を食べた」であったり、とても打ち解けやすいトピックだ。シャイな生徒がいても、外国人講師はテレビ番組のホストみたく、「楽しかったんだ。それはなんで？」といった風に生徒が話しやすくなるよう会話を広げていた。対面での会話が終わったあとは、体調を悪くして遠隔で参加している生徒にも話を振っていた。

映画を使った授業

前回の授業まで観ていた映画（今回の場合は『Paddington』だった）で起こった出来事を、生徒同士でグループを組んで、3分間で話し合う。その後、外国人講師が出来事の正誤を生徒に聞いていく。そして、映画の続きを視聴し、各場面で登場人物が話すセリフを何と言っているか答え合わせをして、何が起こっているかを理解することで英語を聞き取る力を伸ばしている。

　先生は「題材にする映画は、他にも *Groundhog Day*、*Home Alone* など、先生全員でラインアップを選んでいます。また、無音の映画を流して、生徒のそのシチュエーションやストーリーを説明してもらうという指導も行っています。簡単なレベルのインプットを、多聴多読を意識して、繰り返し行うことを意識しています。インプットの方法は、映画だったり、トランスクリプトだったり、多様な機会を生徒に提供しています」と語る。好きな素材で楽しみながら自然に英語の力を伸ばす多聴多読のスタンスを体現する授業だった。

SEG での多読指導のまとめ

　入試問題を練習し、入学試験で良い点を取ることも必要だが、それ以上に、SEG は英語を使って他の国の人々と交流し、よりよい世界を創っていくことを目的としている。日本に住んでいると、日常的に英語を使ってコミュニケーションする機会はなかなかない。しかし、SEG の多読クラスで、外国人の先生から英語で習い、自分が読めるやさしいレベルの本から、読める本のレベルを少しずつ上げていけば、受験前までに英文を速くしっかり読める。それと併行し、少しずつ受験のための英語の勉強もしていくのが、SEG の英語多読コースである。

　SEG では、受講生の英語力・読書経験を考慮し、気楽に読めるやさしい本から、徐々

にレベルを上げる。各生徒の英語力・読書経験・趣味が異なるので、個別指導制で、クラスでは原則として全員が違う本を読む。高１の時は英語が苦手だったのに、高３になる時には英語が好きになり、大学生になれば英語で読書三昧という生徒もたくさんいるようだ。そして、高２から徐々に受験対策にもシフトする。高１から高３の３年間で300万語を多読し、その中で、大学入試に必須な基本的な表現を

SEGでは高３になっても、受験勉強の一環として洋書を読み続ける。写真は高３の受験生が読んで返却されてきた洋書の一部。

自然に覚えていく。複雑な英文を、日本語に訳さずに英語のまま大意把握できるようになれば、入試に必要な文法・語彙・精読・和訳は高３の春期になってから集中的に学習するだけで東大・京大・国立大医学部等に合格可能だという。

　総じて、英語多読コースは、社会に出てから必要な英語力をつけるとともに、日本国内での大学受験・海外の大学への進学も見据えたプログラムになっている。SEGでは、多読と精読の組み合わせで、大学入試までに基本2000語＋専門用語1000語を着実に習得するプログラムを構築している。以下は、英語運用能力テストACEにおいて多読を実践した生徒と一般的な生徒の点数を表したものだ。

● The Ratio of Diffrences of the Scores between 2010 and 2011

	ACE 039 / Administered in July of 2011 ACE 038 / Administered in July of 2010	Number of Students	Total Score (900)	Vocabulary Score (150)	Grammar Score (150)	Reading Score (300)	Listening Score (300)
A	Grade 10 ER* Students in Group B/ 2011.07	49	638.3	93.1	94.3	216.5	234.5
B	Grade 9 ER students(ACE<600) 2010.07	49	502.6	77.9	76.5	167.9	180.4
C	Difference/ A-B	49	135.6	15.2	17.8	48.6	54.1
D	Grade 10 TR* students in Group E /2011.06	6	608.5	83	87.7	208.7	229.2
E	Grade 9 TR students(ACE<600) 2010.06	6	498	76.3	76.8	174.9	170
F	Difference D-E	6	110.5	6.7	10.8	33.8	59.2
G	Difference C-F		25.1	8.5	7	14.9	-5.1
H	Ratio C:F		1.23	2.27	1.65	1.44	0.91
I	Grade 11 (Nationwide)	709	535.4	86.7	87.3	181.3	180.1

ほぼすべての項目で、多読を実践した生徒の点数の伸びが一般的な生徒のそれよりも勝っている。

　科学的教育グループ SEG

1981年に設立。以来、「想像力を育て、創造力を伸ばす」教育で、東京大学をはじめとした難関大学に毎年、多くの合格者を輩出している。2001年実験的に多読クラスを導入。2006年には中１から高３までの６年間の一貫した英語多読コースを立ち上げた。

古川先生

SEG代表、数学科・英語多読科総括責任者、SSS英語多読研究会理事長。『多読多聴法』（小学館新書）、『英語多読入門』（コスモピア）など著書多数。

国際交流が可能なエンジニアを育てるベースとなる多読授業

豊田工業高等専門学校（愛知県豊田市）

豊田高専の多読授業と成績評価

　豊田工業高等専門学校（以下、豊田高専）の多読授業は、ふたつのプログラムから構成されている。まず、1年生と2年生で全学科共通科目として多読の授業がそれぞれ1単位（45分×30回通年）。こちらは英語の先生が授業を担当する。次に、電気・電子システム工学科（E科）で2年生から7年生（専攻科2年）までの6年間各1単位の多読授業。このカリキュラム自体は2014年に同校を取材したときと変わってはいない。

　ただ3年生に1年間2単位で全学科共通のオールイングリッシュの英語授業を導入した。授業内容は、すでに学習した物理や化学を英語で学ぶというものである。「1、2年生で多読授業をやってきた学生たちが、3年生でオールイングリッシュの授業を受けることになれば、多読の下積みもあってトータルとして効果が出てきています」と西澤先生。

　また、3年次の成績評価は見直され、以前は定期試験40％、外部テスト30％、小テスト20％、読書記録10％だったものが、定期試験60％、小テスト30％、読書記録10％となっている。

　これは外部テストのTOEIC得点を成績に導入するのを、4年生以上に変更したことによる。

2019年度の電気・電気システム工学（E）科の多読授業の日程		
回	日付	5年生授業
	毎週金曜日	前学期
1,2	4/5	ガイダンス
3	4/12	多読
4	4/19	多読
5	4/26	多読
6	5/10	スピーキング演習1・BookTalk
7	5/17	多読
8	5/24	多読
9	5/31	多読
10	6/7	スピーキング演習2・Speech（WhyDoYouLearnEnglish?）
11	6/21	多読
12	6/28	多読
13	7/12	多読
14	7/19	多読
15	7/26	スピーキング演習3・Speech(Artifitial Inteligence)
	火曜日	後学期
16	10/1	多読
17	10/8	多読
18	10/15	多読
19	10/29	スピーキング演習4・Speech
20	11/5	多読
21	11/12	多読
22	11/19	多読
23	12/3	小テスト2：ディクテーション・Presentationテーマ配布
24	12/10	多読
25	12/17	多読
26	1/7	スピーキング演習5・Speech（MyNearFutureまたは異文化）
27	1/14	多読
28	1/21	多読
29	1/28	スピーキング演習6・Presentation1(VR/RW)
30	2/4	スピーキング演習7・Presentation2(VR/RW)・アンケート

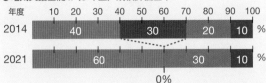

●電気英語基礎Ⅱ（3年生）成績評価基準

年度	定期試験	外部テスト	小テスト	読書記録
2014	40	30	20	10 %
2021	60		30	10 %

0%

外部テスト：TOEIC
小テスト：Reading, Dictation

多読授業の位置づけを変えた「国際交流」

豊田高専では、国際交流を強化する一環として、年間で海外に留学する学生の数をもう少し増やすことになった。具体的には、2、3年前でだいたい1学年200人中40人ぐらいだったのを200人中50人ぐらいまで増やしていくという目標が設定された。 留学期間は1年間の長期留学のほか、専攻科では2週間の海外インターンシップに出かける学生もいる。留学する学生は、もちろん海外に興味があって、コミュニケーションができるようになりたいと思っているが、留学しない学生たちでも国際交流活動ができるように、授業外の活動として「国際交流ビデオコンテスト」を取り入れている。

国際交流ビデオコンテストは、希望する学生が海外の学生と共同でプレゼンビデオを製作するというプロジェクトだ。例えば、SDGsというテーマに基づいて、学生たちはオンラインでのコミュニケーションを通じて発表内容をまとめていく。昨年度は春と秋に1回ずつ、今年は秋に1回開催された。2022年2月には、高専初のTEDxも実施した。

こうした国際交流でのアウトプットを円滑にする目的で、多読によるインプットが大いに役立つはずだというのが豊田高専の考え方だ。「たんに国際交流というだけではなく、多読と国際交流を組み合わせた方が、相乗効果とまではいかないけど、加算効果はありますよね」と西澤先生は語る。

第2回国際交流ビデオコンテスト表彰式の様子

多読を土台にしたブックトークの授業

豊田高専では、多読をベースにした英語コミュニケーションの授業も設けている。そのひとつが「ブックトーク」だ。これは専攻科の少人数の授業に限られているが、授業の前に学生たちは1冊の英語の本を読み、授業でその本の内容を、英語を使って3分間で紹介し、さらに3分間の質疑応答まで行うといった構成になっている。つまり、多読によるインプットと授業内でのアウトプットを組み合わせた形だ。

英語で3分間話すというのは意外と長い時間のように思えるが、西澤先生によると「授

業の最初に話す内容をメモ程度にまとめさせているので、別に3分間しゃべるのはそれほど苦しくないです。4月の最初の段階ではまだちょっと心もとないところもありましたが、学生たちはすぐに順応してくれます。ただし、英語の正確さについてはいっさい考慮していません。別に文章になってなくてもよいし、内容が伝わればいいということにしています。学生が間違った英語でも自信を持ってたくさんしゃべるのは、多読を5年間やっている蓄積があったからだと思います」という。

▎フリースピーキング

4年生と5年生には、それぞれ2カ月または1カ月に1回程度のフリースピーキングという授業も導入された。スピーキングのテーマは、学生の平均的なアウトプットの能力に合わせ、4年生の最初の回と2回目では「ブックトークまたは My favorite things」「ブックトークまたは My Winter Vacation Plan」という取り組みやすい内容とし、3回目は「Why do you learn English? または My near future」などとなっている。授業内容としては、まず3人のグループを作って、ひとりがスピーカー、別のひとりがリスナー、最後のひとりがカウンターという役割につかせる。スピーカーがテーマに沿ってリスナーに向かって自由に話している間、リスナーは簡単なバーバル・ノンバーバルな方法でレスポンスを返す。カウンターはワード数をカウントする。スピーカーは最初2分間しゃべったあと、別のグループに移動して今度は1分半で同じ内容をしゃべる。最後にまた別のグループに移動して、今度は1分間でしゃべる。すると、ワード数が増えたり、しゃべるスピードが上がるなど、だんだん話せるのが見て取れるという。

5年生ではさらに内容が高度になって、冬休みの前に「バーチャルワールドとリアルワールド」というテーマで研究課題を出して、授業で研究発表させるということも行った。吉岡先生によれば「学生たちは日本語での研究発表は行っているので、学生が興味をもち、話しやすいテーマで、英語でもそれを体験させることが重要」なのだという。

▎実践的なプレゼンテーションの授業

ブックトークのような英語の正確性を重要視していない授業がある一方で、仕事や学会発表などに直結するプレゼンの基本を学ぶ「技術英語」の授業も設けられている。使用しているテキストは、Presentations in English second edition（Macmillan）。吉岡先生によると、このテキストのメリットは「パワーポイントの複数画面を印刷したものがあって、それを元に例えば機械の説明やグラフの説明の方法をステップバイステップで学んでいくんです。とても実践的な教材だなと思って採用しています」とのことだ。

このテキストを使った授業は専攻科1年生（大学3年生相当）の半年間で全15回にわたって行われ、定期試験で考察までを含めた形での発表がある。「やったことがあるっていうことが大事で、やったことがないのに会社に入っていきなり外国人に説明する資料を作ってくれって言われたら、戸惑ってしまうと思うので。やったことがあれば、教科書を見てやってみようかと考えてくれればいいかなと思います」と、吉岡先生は語る。

学校全体で「国際交流」が当たり前になる風潮を

　吉岡先生は、教育で大事なことのひとつは動機づけだと考え、「外国や外国人に興味を持つこと、彼らの活動様式や思考を理解することを目的としたときに、ひとつの方法として、国際交流活動があると思うんです。国際交流というのは、外国語つまり英語でコミュニケーションをとるということでもありますが、それが当たり前というか違和感がなくなってくる、あるいは国際交流への心理障壁を下げるには、学校全体にそういう雰囲気を作らないといけないというのを強く思っています」と語る。

　その一環として、豊田高専では留学を増やすように取り組み、前述のような国際交流ビデオコンテストなども開催しているが、専攻科生のためには国際会議で英語で研究発表をする機会も設けている。学生たちがそれをきっかけとして、海外の人たちとコミュニケーションができる力をつけるにはどうしたらいいかというのを自分で考えるようになることが理想だ。吉岡先生は、多読がそのベースになればいいと考えている。「本を読むということを通じて、外国の文化を知るという側面もありますが、特に高専に特化して考えると、海外に働きに出る、あるいは海外から日本に働きに来ている人たちと一緒に働く上で英語は必要になってくるわけです。高専としてやっている以上は、エンジニアを育てることが大前提ですので、外国人とコミュニケーションが取れるコンピテンシーをつけさせたいと考えています。コミュニケーションは情報伝達だけではありませんので、多読を経験した学生を国際交流が学生のさらなる人間的な成長に寄与するのではないかと期待しています」。

西澤　一　名誉教授

担当科目は、電気数学と電気英語（多読）だった。多読歴 20 年目で、多読 1800 万語、多聴（オーディオブック）：930 冊（9700 時間）。図書館を通して地域に密着した多読の普及を精力的に行っている。

吉岡貴芳　教授

担当科目は、プログラミング、学生実験、電気英語（多読）と技術英語（プレゼン）。多読歴 20 年目。多聴・シャドーイングを通勤自動車内で毎日。社会人向け多読本推薦アプリ開発中。2021 年度より 2 年間バンコクの KOSEN（高専）にて英語でプログラミングを教える。

 学校情報　豊田工業高等専門学校

愛知県豊田市にある実践的創造的技術者を養成するための国立工業高等専門学校。略称は豊田高専。1963 年に設立され、2004 年の法改正により国立高専機構として独立行政法人化した。5 年生の本科（学年定員 200 人）に加えて 2 年間の専攻科（学年定員 20 名）を持つ。NHK 高専のロボコンほか、より高い技術を求められる（自動）ロボカップ世界大会でも、世界の強豪大学と戦い、上位に進出している。同大会は、多読で培った英語力を実践する場にもなっている。

高校受験までの受け身英語学習を、多読で自律学習スタイルへバージョンアップ！

鶴見大学　文学部英語英米文学科　（神奈川県横浜市）

　鶴見大学・文学部英語英米文学科では、多読を取り入れて14年になる。もともとはネイティブ教員が有志学生のために導入した多読を、現在は深谷素子先生を中心に英語英米文学科全体で奨励し、多読学習をサポートする環境づくりに力を入れている。

　日本語ですらなかなか本を読まない大学生に、どうやって英語で本を読ませるかという問いから、多読学習についての授業設計に試行錯誤し、現在のスタイルにたどり着いたという。

鶴見大学での多読の取り組みをまとめたブックレット（2019）。Amazonなどで購入可。

とにかく1年目は英語のインプット量を増やす

　90分授業のうち、多読の割合は講師によって異なるが1年生の必修科目リーディングでは、授業開始の30分を多読の時間とし、学生に本を読ませる。例えば、深谷先生の担当クラスは、PC完備のLL教室での授業なので、学生はその日の気分で、紙の本、オンライン多読本*のどちを選んでもよい。大学で初めて多読を知る学生も多く、初回の授業では、多読の学習法や効果について、学生がしっかり理解できるように熱く語るという深谷先生。基本的には、多読の学習履歴は、成績評価の対象には入れないとしつつも、モチベーションをキープするために、年に数回ボーナス週間が設けられている。その期間に読んだ本で、かつ読後の理解度クイズが3問中3問正解と

自分で読める本を選べるようになってくると、オンラインシステムでレベルやジャンルから選ぶ学生が増えるそう。

なった本の冊数で、成績にプラス得点がつくというお楽しみもある。また、授業の中で教師が教室を回り、各学生の多読状況についてコメントやアドバイスをすることで、個人のペースに合わせた指導ができるのも多読授業の利点だ。たとえ、本を読まなくてもペナルティはないが、毎週個別にコミュニケーションをとり、学生自身に次週までに何冊読むか、どのシリーズを読むかなど目標を設定させることで、自然と授業外で読んでくる学生が増える。

　＊コスモピアeステーション

| 1年生 | 前期・後期の9ヶ月間の必修科目内で多読（週1）
まずは ORT からスタートし、ORT・Level 5 くらいになると FRT に移行する学生が出てくる。 |
| 2〜4年生 | 必修科目での多読はなくなるが、リーダーマラソンやブックカフェでの多読指導を通して、多読を継続したい学生のサポートを行う。 |

多読は自分の中での競争

多読は1年生の必修授業に組み込まれるが、その効果は英語力の向上にとどまらず、英語学習に対する姿勢の変化に現れる、と深谷先生は言う。中学・高校で体験した受け身の学習から脱出し、自律的に「学習したい、学習できる」というマインドを学生が持てるようになることが最大の効果なのだという。1年生の後期あたりから、自分で読みたい本を自分で探す学生が増えてくる。これは、それまで教師から課題として与えられていたシリーズ（ORT や FRL）を卒業し、学習を自己管理できるようになる第一歩だ。

図書館には、英語版コミックも多数。毎年開催される多読イベント「リーダーマラソン」に参加し、上位入賞すると図書カードが授与される。また、100万語を達成すると学長による表彰もある。

鶴見大学のすばらしい点のひとつに、「本を読みたい」と言う学生に対する惜しみない環境のサポートが挙げられる。2年生以降は、それまで多読をしていたリーディングの授業が終わり、多読は自主的活動となる。これをサポートするため、リーダーマラソン（ネイティブ教員主催）やブックカフェ（深谷研究室で週1の多読指導、本に関するおしゃべりの場）が用意されている。1、2年生でしっかり多読をした学生の中には2年生以降に短期・長期留学に挑戦する者も多い。2年生以降の多読は基本的に各自が図書館で行うため、多読用図書も充実している（Xreading や e ステーションなど電子書籍も完備）。また、授業以外にも多読を奨励するプログラムが多数あり、英語で本を読みたいと言う学生の気持ちを決して止めない、学科全体の教育方針が感じられた。

深谷先生は研究室で「ブックカフェ」を週1回オープンしている。お茶やお菓子も出る。

読んだ本の POP を作成し、優秀作品は実際に書店に展示されるというコンテスト。

深谷素子先生

鶴見大学・文学部英語英米文学科教授。専門分野は英語圏文学、外国語教育。英語多読のほかアメリカ文学の研究者でもある。

学校情報　鶴見大学

1963年設立。仏教、特に禅の教えを建学の精神としている。4年制の文学部、6年制の歯学部、そして短期大学部と大学院および専攻科を備える。

強制は最低限に。
自由に読めるという
安心感＋競争心理で学生を多読に
引き寄せ、テストスコアもUP!

帝京大学　理工学部　リベラルアーツセンター
（栃木県宇都宮市）

　現在多読指導歴12年目になるという須賀晴美先生の多読との出会いは、大学の教育改革だったという。それまでは英語の4技能を同程度学ぶ学習を、教科書中心に教えていたが、大学側の提案で多読クラスを担当することになった。当時は、京都産業大学の多読プログラムをモデルに、英語図書室が作られ、評価には読了ページ数方式が取られた。本の難易度を反映した倍数をかけて算出した調整ページ数を、評価の基準としていた。

┃ TOEIC 300-500点の学生と多読

　須賀先生が多読を教える学生は理工学部所属で、文学部や国際関係の学部に比べると英語への関心が低い学生が少なくない。入学初期に受験するTOEICテストでいうと平均スコアが300点から500点の学生が中心で、須賀先生の受け持つ授業の約8-9割の学生が男性である。

　「教科書のレベルが合わない学生」「教科書に載っているジャンルやカテゴリに興味のない学生」にとって、画一的な教科書から離れた多読学習は、学生に読む楽しさや学習の中での自由度を感じさせることができ、その延長線上に学習効果もあるようだと、須賀先生は言う。

多読授業の構成

- ■オンライン多読システム＊を利用
- ■授業
  1. 総合英語教科書の学習・主にリスニング（40分程度）
  2. 授業内の電子書籍の多読（45-50分）
     ＊Book Report を書く時間も含める
  3. 授業外の電子書籍の多読 (30分を推奨)
- ■デバイス：個人所有のノートPC、または学校備え付けのタブレットを利用

最初に何を読んでよいかがわからない学生にはYL0.3-0.9の本をおすすめする。上記2シリーズはおすすめの中でも特に学生に人気のシリーズ。Magic Adventures シリーズ（左）、Foundations Reading Library シリーズ（右）

多読でのタスク	
授業内	eステーションで興味や難易度にあった本を選んで読書する。
授業外	各週 30 分、e ステーションで読書する。

＊読後の内容理解度チェッククイズは免除。＊ Book Report を書いて提出。
（100 文字以上のあらすじやコメント [日本語可]）

多読評価の方法	主に3つのコースを設定し、学生に選ばせる。
Sコース	25,000 語を超えて、読了語数が最も多かった 1 割の人
Aコース	25,000 語読了 (週 2,500 語以上の読書を、10 回以上)
Bコース	15,000 語読了 (週 1,500 語以上の読書を、10 回以上)
Cコース	6,000 語読了 (週 600 語以上の読書を、10 回以上)
Dコース	読んだけれども、総単語数が 6,000 語に達しない場合

＊多読の評価は、評価全体の 50% 以上を占める。他は教科書を使った部分の評価
30% 強に、VELC テストの評価 10-15% を加える

Book Report のサンプル。これは、多読授業開始直後に書かれたもので、A 判定！

目標語数を提示することでモチベーション UP ！

　　須賀先生は多読授業の構成と進め方を毎期レビューしながら、改善を加えており、ここ数年の実績からは下記のような結果が出ている。

・目標語数を提示しなかった場合と、今期目標語数 25,000 語を提示した場合では、目標語数がある方が、読む語数が増える傾向にある。

・隔週でクラス内の読了語数（個人名は記載しない）をランキング形式で配布することで、学生に競争心が起き、語数が増える。

・読後の理解度チェックを強制しない方が、理解度を批判されずに自由に読める環境を作るので、モチベーション維持につながって、読書量が増える。

外部テストを受験して、多読効果を測定

　　この 1 年では、多読授業の開始前後での学習の伸びを測定するために、語学図書出版社・金星堂の提供する VELC テスト (velctest.org) を受験している。VELC テストは、Listening Section / Reading Section に分かれ、TOEIC 予測スコアも表示されるオンライン形式のテストだ。直近の通年の成果はまだ出ていないが、2020 年度後期のクラスでは、Listening Section、Reading Section のどちらでもスコアが向上し、特に Reading での伸びが大きかった点（Listening の伸びより統計的に約 25 点向上）は、多読の成果が反映されていると言えるだろう。

学校情報　帝京大学
1966 年設立。文学部、経済学部から始まり、現在では、理工学部の他、医学部や薬学部など幅広い学部を備えている。板橋、八王子、宇都宮、福岡、霞ヶ関の 5 つのキャンパスを保有している。

須賀晴美先生
帝京大学・理工学部　講師。専門分野は英語教育。電子書籍を使った多読による英語力向上の研究に力を入れており、指導法を改善しながら成果の計測を行なっている。

ネイティブ講師だからこそ気づいた深刻なインプット不足！

学生のアウトプット能力を
伸ばしたいからこそ、
インプットを中心とした授業をする

尚絅学院大学　人文社会学群人文社会学類（宮城県名取市）

┃ 多読との出会い、なぜ多読を取り入れたのか

　　サム・マーチー先生が宮城県にある尚絅学院大学で教鞭を執り始めたのは 2013 年のこと。多読との出会いは、その 3 年後、2016 年オックスフォード大学出版局が仙台で開催したセミナーに出席した奥さんを通してだという。

　「大手 IT 会社の専従通訳として勤める妻が受けたセミナーで紹介された『英語多読法』（古川昭夫・著　小学館新書）＜写真あり＞を読み、目からウロコという思いでした。

　これまでもいろいろな学習法や教授法をみてきましたが、英語が好きな人、英語で成功した人が書いたものだったり、自己流だったり、科学性に乏しく再現性ないやりかたばかりだった。最初から英語ができる人は学期終了後も英語ができるが、好きじゃない人は好きじゃないままで学期が終わってしまっていました。教員の工夫や教授法よりは、授業開始時の学生の勉強姿勢で英語力が伸びるか伸びないかがほぼ決まる状況でした。

サム先生が大きく影響を受けた古川先生の『英語多読法』（小学館新書）

　しかし、人は基本的に目の前の課題をこなして成功したいという意欲があると思います。そのため、学生のなかに眠っていた意欲を目覚めさせる方法を考えられるか否かが自分の中での大きな課題になりました。スポーツで主役は選手で、主体が監督であるように、授業でも主役は学生ですが、学生を目標へ到達させるのはやはり先生の力だと考えています。

　私自身が教えていた中学校での体験ですが、未経験者揃いだったバスケ部が 3 年後には県大会でベスト 4 まで勝ち残りました。今も同じ監督がその中学校を率いていて、全国大会の常連校になっています。どんな選手が来ても、一定の優れた成績が出るというのには、成功するメカニズムがあると思います。それを発掘して、コートで実現させていくのがコーチであり、教室で実践するのが教師です。本当によい指導者はどういう学生がきてもよいほうへ導いていける。多読はどんな学生が来ても取り入れることができ、伸びを実感しやすい、再現性をもつ教授法だと思ったのです」。

大学・大学院経験で本からのインプットが不可欠であることを知った

「私が卒業した大学・大学院（北米）では、毎週 10 ページ以上のレポートがあったけれども、それと同時に 300 〜 400 ページのリーディングが毎週ありました。『レポートとリーディングの両方は多い！』と思うかもしれませんが、これだけの量のリーディングをしたからこそ、レポート作成がスイスイ進みました。10 ページなんてあっという間です。参考書、教科書からの量的なインプットがなければ、何日あっても 10 ページは書けないし、書けたとしても稚拙で中身が薄いものにしかならなかったと思います。

日本の英語教育でも、北米の大学院においても、質の高いアウトプットのためには膨大なインプットの量が必須です。今後、世界のリーダーになれる人はアウトプットできる人だけです。インプットを通して知識が増えたら、自分の脳内は変わります。しかし、自分の周囲、国、世界を変えるには膨大なインプットに裏付けられたアウトプットができてこそ初めて実現します。学生のアウトプット能力を伸ばしたいからこそインプットを中心とした授業をしています。つまり、英語教育でとかく軽視されがちなステップがインプットなのです。絶対に欠かせないインプットを確保する有効な方法のひとつとして多読を取り入れています」

大学における授業での多読の実際の導入

サム先生は現在大学で主に 1 年生に対して週 5 〜 6 コマ教えている＊。各 90 分で学生数は 20 〜 30 人（英語選抜コースは 9 人）。すべての授業で何らかの形で多読を取り入れている。

「コロナ前には 90 分の授業の中で毎回 20 分の授業内多読（SSR ＝ Sustained Silent Reading）を取り入れていました。授業内多読の時間は、知らない人から見ると、教員にとって自由時間というイメージがあるが、まったく違う。一斉指導よりも忙しい。SSR 中は教師の業務は分単位で変わります。自分の授業の是非を知りたければ目

自分の周囲、国、世界を変えるには膨大なインプットに裏付けられたアウトプットが不可欠というのがサム先生の心情

の前の学生を真剣に見ればいい。学生たちが本を読むときのボディーランゲージを観察すれば、学期末のアンケートを待たずに、その場で授業改善に役立つ非言語情報が教員の目に飛び込んできます。本にのめり込んでいる学生は姿勢が良く、目も本から逸脱しない。教員は余計なことをせず、そのまま読書に集中させるだけで良い。しかし、学生の姿勢が崩れたり、目が頻繁に本から離れていると、教員からの介入とアドバイスが必

要なサインです。折を見て声を掛け、本のレベル変更を推奨したり、多読活動は成績を左右する旨のリマインドをしたりして、適度に後押ししています」

2020-2021 は、オンライン多読システム*を取り入れて、授業外で読ませるようにしている。多読のスコアは全体を 100 とした場合 30%。e ステの語数だけで点数が決まる。1 学期 15 週で 10 万語読めば 30 点、7 万語で 25 点の配点だが、実際には 1 学期間で平均すると 3 万前後、読む本のレベルはやさしいものから YL1.2 から 1.3 くらいが平均。

図書館の多読用の本は 3000 ～ 4000 冊。これはここ 3 年間くらい申請して購入してもらったものだ。多読を教えている教員はサム先生を中心に 3，4 人、それに図書館の司書の方が本の管理をしている。

「多読をやるようになって図書館の利用人数が明らか増えた。学生たちは多読の本を借りようと思って図書館に行って多読本の他にも別ジャンルの本も『ついで借り』をするんですね。そのため、宮城県の私立大学の中では貸し出し数が一位になった年も出てきました。　図書館の活性化にもつながったことは間違いないです。

　1 年かけて、大学に導入した多読教育が外部試験の成績にどのように影響するかを多読群と非多読群を比較して調査しました。多読群と非多読群の語彙力、長文読解力、リスニング力の伸び率は全て非多読群の伸び率を上回っており、多読の効果を改めて実感しました。多くの先生に知ってもらいたいと思って、このことを「尚絅学院大学紀要」（2019 年）に論文も書きました」

図書館には、丸善を通して導入したマクミランの Graded Readers のデジタル版も 140 冊ほどは入っている。

学生たちの多読に対する反応に手応え

多読を経験すると、学生たちの英語に対する考えも変わるという。

「学期初めに『英語に対してどう思いますか？』と尋ねると 95% くらいの学生が、『英語は嫌い』、『英語はわからない』等の英語そのものについての否定的な言葉を使って返事していた。しかし、1 学期の多読を経験した後に同じ質問をすると、『多読だと話についていけるから好き』、『多読だと、細かい文法が分からなくても、学びがストップしないから好き』、『もう少しレベルの高い本を読みたい』などと、英語の学習方法について返事をする人多くなってきました。　つまり、英語の好き嫌いだけを考える領域を脱し、自分に適した英語学習法を分析するようになっていたのです。授業を通して、多読の論理をしっかり説明しているため、英語の学習方法に対する揺るがない確信が育つ効果が

あると思います。たとえば極めて簡単な本の読書は、目標ではなく、通過点であること
を何度も繰り返し伝えています。学生は多読が英語初心者でも効果があることに納得し
たからこそ、『どうせ無理』という姿勢から抜け出すことができて、『じゃ、もう一回頑
張ってみようか』と意識改革ができたと思っています。　『何が多読なのか？（What）』
と同時に、『なぜ多読なのか？（Why）』を何度も思い出してもらうことは大事です。そ
うしないと、『こんな簡単な本？うちら小学生じゃないよ！』との反応が来てしまう。」

　サム先生も Why をおろそかにして、What だけを強調してしまっていた学期には、
　生徒の反応も少なかった、というのが肌感覚で分かるといっていました。

　「『What? と Why? の両方が大事です。』常に、『What is 多読？』と『Why 多読？』
を自転車の両輪と考え、ふたつの質問への回答を学生と頻繁に共有することも忘れない
ように心がけています」

学生たちの強いデジタル志向

　2020 年から 2021 年にかけては、コロナのためコスモピア e ステーションを使
い始めた。ただし、対面授業ではスマホなどの画面を使ってほしくなかったので、
授業内では e ステを使わずに、授業外で毎日 5 冊ずつ読むことを課題にしたとのこと。
学生に対するアンケートで驚いたことは、「紙の本と e ステではどちらがよいか」と
いう問いに対する答えは、30 人中 29 人が e ステと答えたこと。理由は「本を借り
に行く手間がかからない」、「持ち運びをしなくてもいい」、「いつでもどこでも読め
るから使いやすい」などであったという。
　紙の本の脳への刺激が高いというデータも見ており、サム先生自身は紙媒体の本
を好む。しかし、学生たちの反応を見て、デジタルに反対するのではなく、いかに
利用していくかが大事だとサム先生の考えがアップデートされたとの感想だった。

サム・マーチー先生

尚絅学院大学特任准教授。東北大学大学院非常勤講師、上杉英会
話教室代表、日本多読学会理事
ワシントン DC 出身。大手法律事務所を含む仙台の東北学院中高
で 6 年間学ぶ。北米の大学卒業後、様々な職業を経験。2012 年
に来日し、当時では学内最年少で尚絅学院大学の英語専任教員と
なる。2019 年に多読を中心とした英語教育をする上杉英会話教
室をオープン。

学校
情報 **尚絅学院大学**

アメリカバプティスト教会の 3 人の女性宣教使によって開始された尚
絅女学会がもとになって設立された。2022 年 11 月で創立 130 周年
を迎える。「キリスト教精神に基づく教育の実践」を理念とする。

多読という鉱脈が秘めた 可能性を求めて

駿台予備学校、多読事始め

お茶の水駅近くにある駿台予備学校お茶の水校1号館で、2022年4月から高校1年生を対象とした多読のクラスがスタートした。その直前、準備中の教室を訪問して、学校側と先生の双方からお話を伺った。

出席者	多読担当講師	大島保彦先生（学校法人駿河台学園　駿台予備学校英語科講師） 山口裕介先生（学校法人駿河台学園　駿台予備学校英語科講師）
	学校側	小澤尚登氏（学校法人駿河台学園 駿台予備学校 EdTech事業部、東日本学務部部長） 池浦和彦氏（学校法人駿河台学園　駿台予備学校事業企画室課長）

生徒を待つ、多読用図書が並べられた教室にて。左から山口先生、大島先生、小澤氏、池浦氏

多読導入の動機は？

Q 2022年度の4月から多読を導入されると伺いましたが、どのような形で導入されるのでしょうか。

小澤：駿台予備学校の授業は、基本的には高校1年生からの大学受験に向けたものです。高校生クラスでは、通常は1科目週に1日、だいたい50分の授業3本で150分がひとつの単位になります。

　　多読のクラスは、お茶の水校１号館で、大学入試対策の枠を超えたクラスとして、2022 年度はまず高校１年生のみ単科で募集します。１クラスが 15 人程度で、２クラスからスタートします。担当する先生はこちらにおられる大島先生と、山口先生の２名。他の受験対策のクラスとはちょっと違う色合いのクラスになります。

Q 駿台予備学校さんとしては、いつくらいから多読に関心を持ち始めたのでしょうか。どのようなことがきっかけでしたか？

小澤：元々は半年くらい前（2021 年夏）に、SEG＊の古川理事長から、一度多読の授業に見学に来てみては、という話があったことがきっかけです。実際に見学に行きまして、そのとき授業の様子を見て、これはすごいと。

　　何がすごいかというと、大きくは２つあります。
　１つは、人が本当に職人技のようにアダプティブラーニング（個別適応学習）を行っているということに対する驚きですね。我々は今 ICT に寄せていろいろなコンテンツ開発していますが、アダプティブラーニングは ICT を使って行うのが普通です。しかし、多読の講座はいわゆる人力のアダプティブラーニングなんですね。
　　もう１つは「自立学習」です。生徒一人一人がどんどん自分で読んでいく様子を見ていると、本当にそのまま自立学習ですよね。
最初見たときにはびっくりしました。みんな黙って本を読んでいるんです。そして古川理事長が机の間を回りながら、ボソボソッと生徒に語りかけたと思うと、本を５冊くらい持ってきて「はいっ、はい」といって差し出すんです。それだけで 90 分くらいが経過していくわけです。私は思わず聞いてしまいました。「何もしてなくて勝手に読書しているだけで、これで月何万もの授業料をいただいているんですか、それでみんな支払っていただけるんですか」とね。
　　古川理事長は「与えられる学習をしたいのか、それとも自分で進んで学習する習慣をつけたいのか。保護者の方はどちらにされますかね」という話をされまして。SEG に通う生徒さんは、もともと学力が高い生徒さんが多いんですけど、やはりそういうレベルになると保護者の方も自立学習を望みますよね。そういったものに投資をしたいという保護者様方が多いみたいで、「そういうことか」と納得はしたんですが、最初は本当にびっくりしましたね。

　　多読講座は教室をコントロールする先生の力量がすごく必要だと思いますが、幸い私たちにもそれができる講師がいる。今回、多読講座の導

＊ p.54 参照

入に非常に乗り気だった学校サイドから、直接、大島先生にぜひ多読講座をやらないかと、話をしたんですよ。あわせて、若手の山口先生もどうしてもやりたいということで参加になりました。

　そして８月とか９月とかその辺りで、多読講座をやろうということがトントントンと決まったんですね。

　我々も初めての試みなので、最初はスモールスタートを考えています。そして知見を重ねて、だんだん拡大していきたいと思っています。

Q センター試験から共通テストに代わって英語も分量がすごく多くなって、単純に訳読方式ではまったく対応しきれないボリュームになってきてますが、そういったところもひとつのきっかけになったというのはありますか。

小澤：そうですね、正直言いまして駿台に通っていただいてる生徒さんは、いろんな生徒さんがいるんですけど、学力は比較的高い生徒さんが多い。ですからその変化はそこまで大きいインパクトではないですね。

　SEGさんで拝見させていただいたやり方に、すごく面白みを感じた。そして多読講座は学力の高いお子さんにマッチする手法で、うちでぜひやるべき講座だ、と思ったのが最も大きな要因です。

多読の授業の研修と
多読について知っていたこと

Q 多読の授業の研修のようなことはされたんでしょうか。

山口：２回ほどSEGさんに授業を見学に伺いました。

大島：私はSEGさんに一度授業を見学に行きました。見に行った日の僕自身の感覚で言うと、なんかすごい懐かしい授業というか、どっかで昔触れた授業のような気がしました。イギリスとかドイツとかフランスの語学学校とかに見学に行ったことが昔あったんですけれども、そういう空間とすごく似ていた。ヒューマンなやりとりとか、臨機応変の進行とかですね。

Q 「多読」という教え方は、ずいぶん前からご存じだったんでしょうか。

大島：そうですね。古川理事長がお書きになった多読の本や『多聴多読マガジン』も読んでいましたよ。多読と駿台で通常教えている方向は違うのですが、本来、それって、補完し合うものだと思うんですよ。Ｘ軸とＹ軸のようにね。ただ、従来は、多読のための本を整えるという物理的環境がなか

ったのと、世の中の情勢がそうなってないというか時代の風向きが熟していなかったということもあって、やれてなかった、ということでしょうね。

山口：私は受験生だったときに、英語をいっしょうけんめい勉強していたんです。単語をしっかり覚えて、文法の問題を繰り返し解いて、SVの構文を繰り返して、というように。塾で言われたことを全部やっていたんですけれども、模試の点数が全然伸びなくて。受験生だったときの10月ですかね、ヤバイと思って塾の先生に相談に行ったら、「多読をしよう」と本を何冊か渡されました。そして「絶対に辞書を引かないで読め」と言われたんです。そしてその通りにやったんですね。最初はもうストレスがすごくて、辞書が引きたくて仕方がない。きちっとSVを取って分析したくてうずうずして、もうすごいストレスでした。けれども読んでるうちに、さあーっと読めるようになってきた。読み終わったあとに、偶然もあると思うんですが、模試の点数が大きく上がったんです。

　　大学に入ってからも、古川先生の多読の本なども読んだのですが、何か中途半端に終わっしまって。もっとちゃんと続けたかった、ちゃんと続くようなシステムがあればよかったな、っていうのが自分の中にずっとありました。予備校で教えている生徒にも、自分と同じような子が結構いるんじゃないかなって思ってきました。

　　辞書を引かずに、どんどん読むっていうのが、駿台の授業で、一番欠けている要素だと思うんすよね。それ以外のものは駿台の中にすべてあると思うんですけど、そこだけがないんだなって思っていました。それで、多読の話を聞いたときに、これだって思ったんです。

多読を教える魅力とは？

Q なるほど。多読を教えるということに対しては、大島先生はどういったところに一番魅力を感じていらっしゃいますか。

大島：先ほど小澤が言ったことそのものですね。僕自身、学年問わずに僕の授業を取ってもらう特設単科というのをやっています。そこでは、受講生とのインタラクティブなやりとりを重視していて、前週の内容をきちんと暗誦できたかとか、あなたにはこういう本があっているよと、英語・日本語を問わず読書案内をしたりとか、普段の予備校のシステムとはまた別の角度でやる授業を、ずっと数十年やってきた。多読はその別バージョンみたいな要素もある。生徒1人1人が変容していく様子がわかる。予備校の授業って1対多数で一方的に先生のほうから講義をするイメー

ジがありますね。しかし、本当はそうじゃなくて、100人200人でも、「あの子今眠そうだなあ」とか「あの子今困ってる」のって手に取るようにわかるんです。多読でもっと双方向的になりうる空間が作れるんじゃないかなって気がしています。

スタートにあたって

Q なるほど。それでは、今回、第一期生になる高校1年生は、どういったところからスタートしようと考えてらっしゃいますか。

大島：母数が少ないので生徒さんに来ていただいてからじゃないとわからない。生徒さんを見ながらその方々に応じてやり方になりますね。駿台の中でなかったものが、学校サイドからも、だったらやってみればよろしい、ということなので。「あったらいいなあ」という従来の願望が具体的な形になりそうなので、せっかくだから形にしてみようか、というのが本音に近いところですね。

Q 8月から多読のクラスを作ろうとお考えになって準備を進めたということなんですが、どういった本をどういうふうに集めて、授業計画をするかとかそういったものにつきましては、どのような形でスタートされたんでしょうか？

池浦：基本的には古川理事長のほうからのご助言をいただいております。ここに用意している書籍というものも、右側のほうはSEGさんから寄贈いただいております。左側にあるものは駿台で購入しました。購入図書の選定も、おそらく一番難しい部分ですが、古川理事長から、こういった選定も含めてアドバイスをいただいています。

Q 多読クラス教室を準備するにあたって、一番重要なものとして位置づけされたのは何ですか。

小澤：そうですね。スモールサイズの教室で本に囲まれた雰囲気というものを出したかったんです。これからどんどん本も増やして、教室数も増やしていく。そして見回せば、そこに本があり、自分で手に取れるっていうその環境を演出したいっていうのはありますね。

駿台らしい多読のありかたを

Q ここまでいろいろ準備を重ねてこられていて、現状で感じている期待と

SEG の古川理事長
から寄贈された多読
の Graded Reader
セット

不安というか、そういったものが何か具体的にありますか。

小澤：不安はあまりないですね。

　　駿台という場所は、受験指導の予備校ですけれど、学ぶことそのもの
を教えるというんでしょうか、そういう土壌が昔からあるところなんで
す。実は駿台には数学オリンピックに向けたセミナーといったものがあ
って、数学オリンピックの国際メダリストを何十人も輩出しているんで
す。そんな講座を、実は受験予備校がやっているんです。

　　それから大島先生の授業でも今回の多読のような文脈がなくても、リ
アルにそんな授業をされてるんですよ。私はもうちょっと小テストをや
ってくださいとかさかんに言ってたくらいで。ですから「あの人がやっ
たら、スムーズにやるだろうな」って、すぐに大島先生と多読が結びつ
いたんですよね。そして山口先生も多読がすごく好きだ、という感じで
やっています。だから正直言って不安はないですね。それよりも期待の
ほうが大きい。スモールスタートですが、駿台の中でだんだんと育てて
いきたい。もう大島先生のライフワークの仕事みたいな感じでやってい
ただきたいと思っています。

大島：僕自身、大学受験のときに古文や漢文で多読をやりました。もう何十冊
か読んだ後で受験参考書を読んでみると、ほとんど全部自明だったとい
う経験がありまして、それがすごく大きくて。そのようなやりかたの道
を一部ちゃんとつくっておきたいと思いますね。ものごとができるよう
になるのって、いろんな道筋があると思うんです。

　　今までの受験英語のシステムっていうのはすごく合理的だし、システ

マティックで、それに合った人にとっては素晴らしいけれど、そうじゃない道もつくっておきたい。

　しかし、駿台でやる多読は SEG と違う部分っていうのはやっぱり出てくると思います。

　駿台の英語科、そして日本の受験英語の歴史にとっても、伊藤和夫先生が築いたことが大きな礎石となっています。データ数は最小限切り詰めて、英語を読むときの日本語の脳みその使い方を合理的に、これをやれば東大でも京大でも英語で合格点が取れるようになるという手法なんですね。でも誰か SNS 上でも言っていましたが、伊藤先生の本でも最後に、ここからあとはいっぱい読むことなんだって書いてある。そこに開かれた世界があるんだと。伊藤先生自身もご存命であれば、多読をすすめたであろうと思います。

　ただ数十年前の状況だと、現在のようにやさしい本が読める環境が整っていないだけであって、そこはもう何十年も言い尽くされているように精読と多読っていうのは車の両輪だということは間違いのないことです。

　あとは先生がたが、どういうふうな形で英語を身につけられてきたかということでの強弱はあると思いますが、賛成か反対っていうふうな2色刷りの模様ではないような気がします。環境さえあれば、絶対に多読はあったほうがよいわけですから。

　多読って、フレンチとかイタリアンな感じがして、とにかくあったものでちゃんと面白そうなものを全部いろいろ摂取してたら最終的には、実は栄養価がバランス取れていたみたい、というか。そのためにやっぱり古川さんのようなソムリエがちゃんといないと偏食していく。ソムリエの必要性っていうのは本当あるんだなって、思いましたね。

多読という鉱脈を大きく育てていきたい

Q ありがとうございました。今後についての抱負をどうぞ。

小澤：駿台の中で多読講座を育てていきたいと思っています。世の中の多くのことがそうだと思いますが、育てるということはある程度組織的に行わないと、よいものもだんだん枯れていってしまいます。ですから、しっかりと多読の指導ができる人を組織的に育てたいと考えています。多読に関わる人をだんだん増やしていって、駿台の校舎は札幌から福岡までありますが、将来はそういったところでも開講することを目指したいと思います。

大島：多読の指導を1人でやるのはもったいない。文化として場を創り出すきっかけに活用できれば、と思っています。山口先生を巻き込んだり、他の先生に手伝ってもらったりしながら、少しずつ増殖するきっかけを作っていきたい。

　新しい手法に取り組もうとする過程で、新たな出会いも生まれますし、従来の手法の捉えなおしができます。同僚たちとの新たな人間関係も構築できます。そして何よりも、今まで英語との関係がギクシャクしていた学生たち、学習者たちが、英語との親近感を取り戻す機会として、多読はとても魅力的です。「そうかあ、これは面白くなかったかあ、じゃあこっちは？」っていうのは素敵な場面ですよね。まして「やっぱり、結末にビックリだよね」「だよね」なんていうのは、読書の喜びを増幅してくれます。

　本の読み方だけでなく、学び方、働き方、生き方に新たに大きな変化が訪れている今、多読という鉱脈が秘めている可能性が大きな力になってくれそうな気がするのです。

大島保彦
（学校法人駿河台学園　駿台予備学校英語科講師）

1980年東京大学文学部卒業。1987年東京大学人文科学研究科博士課程単位取得。1984年より駿台予備学校英語科講師。東大コース、医系コースなどを中心に出講。教材執筆、高校などでの講演も多数に及ぶ。著書に「東大入試問題に隠されたメッセージを読み解く」「英米史で鍛える英語リーディング」など、訳書に「踊る物理学者たち」など。

山口裕介
（学校法人駿河台学園　駿台予備学校英語科講師）

国際基督教大学卒。東京大学大学院卒。駿台予備学校英語科講師。「考えて、納得して、覚える」をモットーに、高校生・高卒生ともに多くの授業を担当し、高校生エクストラ選抜講座にも出講している。文法の知識を活かしながら英文を読み進める講義スタイルは、多くの学生より共感を呼んでいる。主要教材の執筆も手がけ幅広く活躍中。

教室情報　駿台予備学校

2018年に創立100周年を迎えた伝統と、難関大学へのトップクラスの合格実績を誇る。"本物の学力"を育む講師陣、蓄積された入試データと入試問題の研究と分析、良質な問題の模擬試験を実施し、多くの第一志望合格者を輩出している。臨場感溢れる対面授業の伝統を守りつつ、近年は独自開発した個別試験対策アプリ「S-LME」をはじめ、様々なICT教材の活用、新たな学習サービスの取組により、一人ひとりに応えた効率的な学習カリキュラムを提供している。

多聴多読に関してよく使われる用語集

●基本用語

総語数	本に含まれている総単語数。序文や巻末の問題部分は含めない。絵本では、caption・吹き出しの語数は入れるが、絵の中の文字は数えない。詳しくは、http://www.seg.co.jp/sss/word_count/how-to-count.html を参照。
語彙レベル	「300 語レベルの本」と言えば、その本で使われている単語のほぼ95%が基本 300 語の範囲内に収まって書かれている本を指す。
YL (読みやすさレベル)	普通の英語学習者にとっての読みやすさを 0.0 から 9.9 までの数値にしたもの。数値が小さいほど読みやすい。YL 0.0-0.9 の本をレベル 0 の本、YL 1.0-1.9 の本をレベル 1 の本などという。人によって読みやすさの感覚は違うので、YL が高くても読める本もあるし、YL が低くても読めない本もある。
wpm 読書速度	1 分間に読む語数。words per minute のこと。
Graded Readers (GR)	英語を母語としない英語学習者向けの本。段階的にレベルが上がっていく。GR と略される。
Leveled Readers (LR)	英語を母語とする幼児から小学生向けに、段階的にレベル分けされた絵本。LR と略される

●読み方に関して

聞き読み	音声を聞きながら本などを黙読すること。
キリン読み	ふだん読んでいる本より、（自分の興味のある）難しいレベルの本を読むこと。
シマウマ読み	日本語の本で第 1 巻（第 1 章）を読み、英語で第 2 巻（第 2 章）を読む、というように英語と日本語で交互に読むこと。
すべり読み	読んだつもりになっているけれども、ほとんど内容を理解していない上すべりの読み方。勝手にストーリーを作ってしまったりする。
飛ばし読み	わからないところは飛ばして、わかる部分をつなげて理解していく読み方。飛ばしすぎてすべり読みになることも。
パンダ読み	難しい本が読めるようになっても、並行してやさしい本を読むこと。

●その他

SSS	Start with Simple Stories の頭文字。レベル 0 の絵本から始める多読の方式を表す。また、SSS 英語多読研究会の略でもある。
SSS 掲示板	実際に多読で学習している人が、お互い経験を交流・情報交換を行うことを目的として SSS 英語学習法研究会が開設した web サイト。読みやすさレベル（YL）、総語数なども調べることができる。詳しくは、http://www.seg.co.jp/sss/information/sss_lingo.html を参照。

＊78 ページの用語解説は『読書記録手帳』（古川昭夫・著　コスモピア刊）を参考に作成しました。

●おもなリーダーシリーズの略語　＊英語のシリーズ名の語頭をとって短縮することが多い。

BBL	Building Blocks Library の略。日本発の本格的な 9 段階の多読用のシリーズ。Mpi 制作。古川昭夫先生監修。
CER	Cambridge English Readers の略。全 7 レベルで初級から上級まで対応。完全オリジナルフィクションのリーダーシリーズ・
FRL	Faundations Reading Library の略。アメリカの架空の町に住む高校生たちがメインの登場人物。
OBW	Oxford Bookworms の　略。Starters を OBW0、Stage 1 を OBW1 などと略す。250 語レベルから 2500 語レベルまである。
ORT	Oxford Reading Tree の略。イギリスの多くの小学校で使われている。多読導入の定番シリーズ。
PER	Pearson English Readers の略。Easystarts を PER0、Level 1 を PER1 などと略す。200 語レベルから 3000 語レベルまである。

●シャドーイング＆音読に関して

音読	テキストを声を出して読むこと。通常、音読では、耳から音声を聞かずに自分で読む。
コンテンツ・シャドーイング	シャドーイングのひとつ。意味に意識を向けて行うシャドーイング。プロソディ・シャドーイングができるようになってきた段階で行う。「なりきりシャドーイング」もこの一種。
シャドーイング	テキストを見ずに聞こえてくる音声を聞きながら、声に出してついていく訓練方法。同時通訳の訓練方法のひとつとして以前から行われてきた。
シンクロ・リーディング	音声を聞きながらテキストを実際に声に出して音読する活動のこと。「パラレル・リーディング」とも呼ばれる。シンクロ・リーディングは、「遅れずについていくこと」「音の強弱やイントネーション」をつかむことがポイント。発音をよくするのに有効。
なりきりシャドーイング	発話者に感情移入してなりきってシャドーイングすること。コンテンツシャドーイングの一種。
パラレル・リーディング	→シンクロ・リーディング
プロソディ	ストレス、リズム、イントネーションなどのような音声の特徴を表す音韻のこと。
プロソディ・シャドーイング	聞こえてくる音声を聞きながら、できるだけ正確に音声の特徴をとらえて再現するのが目的のシャドーイング。
マンブリング	スピーチを聞きながら口の中でブツブツつぶやいてみる活動のこと。音声をいきなりシャドーイングしようとすると、自分の声が邪魔になってリスニングがやりにくい。マンブリングは口の動きが最小限ですむので音声に集中しやすいのでついていきやすく、自分の声に邪魔されることも少なくてすむ。小さくても自分の声で反応していくマンブリングは、シャドーイングの導入期には特に効果的。

オンライン多読システムの紹介

オンライン多読システムの導入に際しての
チェックポイントと6つのシステムを紹介する

オンライン上で本を読むというシステムは欧米、とくにアメリカでは、図書館を中心に早くから普及してきた。個人向けであれば、Kindle などを含め、会員になると何万冊という本も読めるシステムもある。無料のものではグーテンベルクプロジェクトがあり、著作権の切れた名作などの Kindle 版や音声のダウンロード版もある。

日本国内の学校等の団体向けには、2014 年にスタートした Xreading が先駆となり、複数のオンライン多読システムが提供されるようになった。

この2、3年は、

・文科省の GIGA スクール構想によって、生徒ひとりに PC やダブレット1台の支給が進んできた

・コロナ禍によってオンライン授業の必要性が生まれた

という背景から、最近急速にオンライン多読システムを取り入れる学校が増えてきた。

オンライン多読を導入した学校でも、紙の本とオンラインとのハイブリッドで活用しているところが多いようだ。

オンライン多読は、導入されるようになってまだ日が浅い。これから新たに提供を開始するサービスも増えてくるかもしれないし、既存のサービスもさらに向上していくと思われる。導入を考える場合には、下記の点を考慮するとよいだろう。

導入する上で考慮したいチェックポイント

☐ 実際に使用した学校の人の話を複数聞いてみたことがあるか

☐ 使用するのはひとりの先生か、それとも複数の先生かなど、システムを使用するときのイメージは決まっているのか

☐ 先に校内で導入されたシステム、学校が要求する仕様と合致しているか

☐ 現在、校内・塾内にはどのくらい多読用の本が揃っているか
　（紙の本と電子版を併用するときの授業プランを立てるために）

☐ オンライン多読を導入した場合の授業プラン、評価はどのようなものにするのか
　イメージはかたまっているか

☐ オンラインで多読をするための生徒側のデバイスの確保は大丈夫か

☐ オンライン多読で生徒が読むのに必要な機能はそろっているか

☐ クラスを運営し、パフォーマンスを評価するうえで必要な LMS 機能はあるか

☐ 生徒に読ませたいシリーズがあるか

□ どのくらいの頻度でコンテンツは更新されているか

□ 決める前にトライアルアカウントをもらって使い勝手などを確かめたか

□ 使い方がわからなかったり質問したいときの対応はどうか。メンテナンス体制を確かめたか

□ 生徒ひとり当たりにかけられる予算の確認はしたか

□ 複数社からの見積もりを比較したか

オンライン多読システムを提供する6つのサービス

　以下のページでは、LMSシステムをもち学校の内外でオンライン多読を提供するサービスを6つ紹介する。

　大きくは、ひとつの出版社がもつコンテンツをレベル別・シリーズ別に並べて提供するものと、複数の出版社のシリーズを集めて提供する形のふたつがある。次ページから詳細を紹介する。

出版社がもつ 自社コンテンツのみを提供

Oxford Reading Club
オックスフォード大学出版局　*p.83*

Bookflix / Trueflix / LiteracyPro Library スカラスティック　*p.84*

Lipton Reading FARM
Houghton-Mifflin-Harcourt のコンテンツ
提供　*p.84*

複数の出版社のコンテンツを 提供するサービス

Xreading
p.82

コスモピア e ステーション（e ステ）
p.82

ルネサンス
p.83

	コスモピア e ステーション	Xreading
学校向け URL	https://est-school.com/	https://xreading.com
運営	コスモピア株式会社	XLearning Systems GK
学校版：価格	「読み放題」年額 2,040 円 「聞き放題」年額 1,800 円 「読み放題＋聞き放題」年額 2,500 円 ※その他の期間は、別途見積り。●団体申し込み 5 名から。	読み放題 (音声付) 年額 2,500 円 半年 1,500 円 ※ 1 カ月、24 カ月の利用も可能。
サービス開始	2017 年 ※日本語版マニュアルあり	2014 年
パンフレット	あり（紙版、電子版）	あり
タイトル数*	読み放題 (1,903)、聞き放題 (3,125)	1,525（今後、1,600 追加予定)

LMS 機能

1) アカウント作成＋編集機能（先生がアカウントを作成し、クラス単位で管理できる） 2) 課題機能 3) 学習管理機能（生徒の読んだ本の冊数・語数・レベル平均・クイズ正答率・サマリーを一覧で見ることができる） ※不正防止のための読書スピードチェック付き ※生徒の学習履歴は、「課題図書にした本」と「生徒が積極的に読んだ本」にわけて管理することができる。 4) 学習履歴ダウンロード機能（生徒の読書記録、年間の語数や冊数を CSV 形式でダウンロード） 5) 本以外に、「聞き放題コンテンツ」も課題設定や学習管理することができる。 6) メッセージ機能（生徒と先生の間でメッセージを交わすことができる） 7) 掲示板機能（先生から生徒への連絡事項を共通のページに表示させることができる） 8) 人気ランキング機能（同じクラスの中で人気のあるコンテンツをランキングで表示する）	1) 教師は容易にクラス編成ができる。個々に生徒登録ができるだけでなく、スプレッドシートをアップロードし登録もできる。 2) 教師は宿題作成ができる。Xreading 収録図書すべてを対象にすることもでき、生徒が読んだ特定の図書に限定することもできる。さらに教師は生徒にクイズを解くことも指示でき、クイズを公開しないようにすることもできる。 3) 教師は生徒の読書データをモニターできる。例えば読んだ本、読んだ単語数、読書時間、読書のスピード、聞いた時間、クイズのスコアなど。 4) 生徒に読書日記を書かせることができる。生徒が日記を書いた後、教師がそれを読み、コメントをし、評価をすることができる。 5) 取り扱い出版社は、Cambridge University Press、National Geographic/Cenage Learning、Macmillan, Compass, e-future、Collins, Abax, Atama-ii, Helbling, ELI, MPI, Halico, Seed Learning 他

その他の特徴

①「読み放題」はすべて音声付き、「聞き放題」はすべて文字起こし済みなので、5,200 強のコンテンツすべてが、読んで聞くことがでる。 ②「読み放題」のコンテンツ、追加 1,000 タイトル強のライセンス契約済み。追加登録作業中。 ④「聞き放題」のコンテンツ、毎週 7 ～ 10 点追加登録。 ⑤ SDGs 関連コンテンツ現時点で約 800 点収録。 ⑥毎週メルマガで新着情報、テーマ別コンテンツ情報を配信中。 ⑦ e ステを学校採用（1 年／ 30 名以上）すると、「多聴多読マガジン」（隔月刊）を 1 年間無料サービス（年間 6 冊）。 ⑧契約期間中は、コスモピアが出版する「SDG s 関連書籍」の電子版がすべて無料で読める。 ⑨子供向け「e ステ Kids」を新規オープン（2021 年 5 月）。 ⑩経産省の「未来の教室・EdTech サービス」として e ステと e ステ Kids が登録される（2021 年 12 月）。	① 生徒は読書環境をコントロールできる。例えば文字の大きさ、文字と背景の色、行間、文字間など。 ②生徒は音声の質を崩さずに、スピードをコントロールできる（30% 減速から 30% 加速まで）。 ③ほとんどの本に語注と単語リストが付いていて、生徒は読書中にタップするだけで該当単語にアクセスできる。 ④ この中には、事前のボキャブラリークイズが付いているものもある。 ⑤速読に特化したコンポーネントがある。 ⑥ 500 出版社・7,000 タイトルにおよぶ紙の書籍を持つ Mreader との連携により、生徒はその紙書籍の読書履歴を Xreading の中に組み込むことができる。これにより学校は、実際に所有する紙版の図書を Xreading と連携させることができる。
問い合わせ先	inquiry@cosmopier.com	info@xreading.com

*表内の数字はタイトル数（2022 年 3 月末現在）

	Oxford Reading Club	ルネサンス
学校向け案内	https://www.oxfordreadingclub.jp/contact	https://www.facebook.com/RenLearnJP/
運営	オックスフォード大学出版局	ルネサンス
学校版：価格	月額 990 円（1 チケット）で収録タイトルがすべて読み放題。 ●教育機関様は 60 チケットから購入可能。 ※ご購入いただくチケットの数量によって割引きあり。お見積りフォームは下記。 https://www.oxfordreadingclub.jp/	要問い合わせ ●最小人数 100 名から。100 名に満たない場合は教材 2 種類を 50 人ずつでも申込み可能。
サービス開始	2019 年	1985 年
パンフレット	あり（PDF 版）	あり（電子版）。お取り寄せはメールで
タイトル数*	1,001（随時新刊を追加予定）	6,400　＊ニュース毎日 5 件 オーディオあり
LMS 機能	1) クラスごとに管理ページをセットアップ（登録時に学習者アカウントの一括アップロードもできる） 2) ライブラリーへのアクセス管理 3) リーディング課題の作成（教師が課題図書と読む期間を設定できる） 4) 一人ひとりの学習進捗状況を確認（マンスリーレポートの作成が可能。5 ステップリーディングの進度、読んだ本の冊数、語彙数、総学習時間数を掲載） ※データをエクセル形式でもダウンロードできる。「ステップ 3. Read」では一冊につきある一定の秒数以上の表示がない限りはその本を「読んだ」と認識しない（読み飛ばしの防止）。 5) 音声録音機能（学習者のスピーキング・発音をチェックできる） 6) 管理者向けガイドあり（LMS にログイン後、ダウンロードできる）	1) アカウント作成＋編集機能（先生がアカウントを作成し、クラス単位で管理） 2) 課題機能（読む、書く課題を設定、入力、提出） 3) 学習管理機能（生徒の読んだ本の冊数・語数・レベル平均・クイズ正答率・サマリー） 4) 学習履歴ダウンロード機能（生徒の読書記録、年間の読書を保存） 5) オンライン読書と手持ちの本の読んだ語数をあわせた自動カウント 6) 生徒が投稿したレビューを先生が承認後、校内でシェア 7) 読書レベル判定テスト（Star Reading）でレベル推移を把握 8) 探求型学習には Nearpod 内のマイオン図書で。 ※ Nearpod ＝スライドベースの教材
その他の特徴	①モバイルデバイスでの利用も可能：アプリをダウンロードすればスマートフォンやタブレット端末でも利用できる。1 アカウントにつき最大 2 台のデバイスを登録でき、クラウドベースのe ブック技術により、登録したデバイス間でシームレスに利用できる。 ②5 ステップリーディング機能：読み始める前のウォームアップから読了後の復習まで、5 つのステップを通して英語のリスニング力・リーディング力・スピーキング力・ライティング力や語彙力などの強化を図る（※ Oxford Bookworms Library、Dominoes シリーズはステップ 3 のみ）。 ③豊富なラインアップ：大人気の絵本シリーズ Oxford Reading Tree から信頼のおけるリーディング教材として定評のある Oxford Bookworms Library シリーズまで、オックスフォード大学出版局のレベル別リーダー教材、およびグレイディッド・リーダー教材を 13 シリーズ搭載。 ④辞書機能付き：Oxford Essential Dictionary に掲載されている語義をその場で参照できる。	① 米国で創立されたリーディング教材企業。各種オンライン教材は世界 46,000 校と各国教育省等で導入されており、1,800 万人の学習者を応援。 ② 6,200 冊の出版図書はダウンロードの必要なく対面、リモート授業教材としても、いつでもどこでも多読多聴に利用できる。 ③ arbookfind.com は出版書籍 240,000 冊の語数と難度を収録したオープンサイト。手持ちの書籍、書類の難度判定や語数カウントにも利用できる。無料。 ④ 連結したその他の教材 • アダプティブ能力判定テスト Star Assessment • スライドベースの授業支援リソース Nearpod.com • フォニックス学習教材　Lalilo.com
問い合わせ先	elt.japan@oup.com	ブラウン真由美 mayumi.brown@renaissance.com

＊ 60 チケット未満の数量を希望の場合には、個人のお客様向けページを参照（https://www.oupjapan.co.jp/ja/orc_feature）。

	Bookflix/Trueflix/Literacy Pro Library	Lepton Reading FARM
学校向け案内	https://scholastic.asia/en/reading-programs-and-resources#digital-programs	https://www.reading-farm.jp/about/#about-school
運営	スカラスティック社	株式会社 FREEMIND
学校版：価格	「Bookflix」年額 1,000 円「Trueflix」年額 1,000 円「Literacy Pro Library」年額 2,200 円 ※多読用冊子付き価格は別途見積り。●団体申し込み 20 名から。	「読み放題」月額 1,078 円 ※初期費用なし ●団体申し込み 1 名から。
サービス開始	2002 年（Bookflix と Trueflix）、2014 年（Literacy Pro Library）	2017 年
パンフレット	あり（紙版、電子版）電子版はメールにてリクエスト。	あり（紙版）
タイトル数*	Bookflix（294）、Trueflix（217）Literacy Pro Library（1,679）	読み放題（1,100 タイトル）

LMS 機能

● Bookflix/Trueflix/Literacy Pro Library 1) アカウント設定（各生徒にログイン I D を発行） 2) アクセス状況確認（回数と時間でアクセス状況を確認できる） ● Literacy Pro Library 1) 学習管理機能（読んだ本の冊数、語数、読書時間、1 冊あたりの平均読書時間、課題本、自主選択本をクラスごと、生徒ごと、年度ごとに確認できる） 2) 課題本機能（各生徒、または、クラス全体に課題本を設定できる） 3) 録音機能（音読、または、音声メッセージを録音して先生に送ることができる） 4) メッセージ機能（課題本の場合、感想や質問など、先生、生徒とも、互いにメッセージを送ったり、返答したりすることができる） 5) 学習履歴ダウンロード機能（クラスごとの生徒の読書記録、年間の語数や冊数を CSV 形式でダウンロードできる）	1) 書籍別学習管理機能（生徒ごとに、学習日時・読んだ本のレベル・総単語数・確認テスト（単語、Reading、Listening）の点数を確認でき、CSV 形式でダウンロードできる） 2) レベル別累積学習管理機能（生徒ごとに、読んだ本のレベル別に確認テストの平均点を確認でき、CSV 形式でダウンロードできる） 3) 書籍別学習人数の統計機能（学内での、本ごとの学習者数と、確認テストの平均点を確認することができる） 4) Level Test Report（生徒は自身のレベルを確認でき、先生は生徒が直近に受けたテストの結果を確認できる） 5) Workbook/Teacher's Guide（1,100 冊すべてに、本の内容に基づいた『Workbook』（課題）と『Teacher's Guide』（解説）をご用意しており、いずれも印刷できる。Workbook には、Vocabulary、Reading Comprehension、Grammar などの課題あり） 6) 本の人気ランキング機能

その他の特徴

① Bookflix「ブックフリックス」は、フィクション絵本の動画ビデオとノンフィクション電子ブックを組み合わせたプログラム。カラフルなアニメーション、楽しいオーディオ、インタラクティブゲームなどを備えており、生徒の興味を引き付けながら、読書スキルを強化し、初期の読者に知識と探求の世界を提供する。 ② TrueFlix「トゥルーフリックス」は、イントロ動画と電子書籍を通じて科学と社会科学のコンテンツ知識構築をサポート。自主的な読書活動、探究学習、SDG s 活動に最適。 ③ Literacy Pro Library「リテラシー・プロ・ライブラリー」は、気候変動、動物科学、STEM、世界文化、古典文学、現代フィクションなどの幅広いテーマを取り扱った国際的な著者によるフィクションとノンフィクションのバーチャルライブラリー。読者の英語読書レベルと書籍レベルをマッチングすることで、自立した読書活動とレベルアップをサポートする。	① 経産省の「未来の教室・EdTech サービス」として登録された（2021 年 11 月）。 ② 経産省の「IT 導入補助金 2021」の IT 導入支援支援事業者に採択され、補助金対象の IT ツールとして認定された（2021 年 6 月）。 ③ すべての本に、アメリカ英語のネイティブ音声が付いており、英語レベルに合わせたスピードで読み上げてくれる。 ④ 読む前に e ラーニングでキーとなる単語が学べるほか、読んだ後に単語、Reading、Listening の 3 つの確認テストで復習ができる。 ⑤ 読書マスターランキング機能（本の学習を終えるたびに読書ポイントが付与される。選定した期間内で、生徒が取得した学内でのポイントランキングを確認することができ、ランキングは CSV 形式でダウンロードできる）
問い合わせ先	inquiryjp@scholastic.com	rfarm@evan.co.jp

Part 2
実践現場からの
アドバイス

長年、多読の授業を実施し、成果をあげてきた3人の先生方に、多読指導の基本的な考え方、学校の中で多読の授業を継続させる方法、小学生から大学生までそれぞれの年齢で多読をスタートさせる方法へアドバイスを伺った。

多読指導の基本的な考え方 古川昭夫

[経験的] 多読の授業を継続させる方法 西澤 一

小学生以下、中高生、大学生──
多読をスタートさせる場合のやり方とコツ 髙瀬敦子

多読指導の基本的な考え方

多読に対する考え方、指導の方法は、およそ20年間の実践の試行錯誤を経て、少しずつ変わってきている。この記事は、多読に関しては最先端と言えるSEGで長年多読を牽引してきた著者の実践に基づくアドバイスだ。

古川昭夫
（SEG英語多読教室主宰・
SSS英語多読研究会理事長）

多読とは？

> ### 多読とは
> （1）辞書をできるだけ引かずに
> （2）もとの英文を日本語に訳すことなく
> （3）理解度100%にこだわらず、理解度80%-90%で
> （4）大量に、長時間にわたって英語の本を読む

ということです。

辞書利用について

辞書を引くと、英語の意味がよりはっきりとわかるというメリットがありますが、辞書を引くたびに、本来の読書が中断されるというデメリットがあります。ですので、メリットとデメリットを読者（学習者）自身が判断して、辞書を引く頻度をコントロールしてください。

辞書は引いてもよいのですが、まずは、まったく辞書を引かなくても読めるような読書法を身につけることが大事です。そのためには、**辞書を引かなくても理解ができるやさしいレベルの本から多読を始める**のがコツです。

日本語に訳さないで読む

　日本人なので、どうしても日本語に訳してしまうのは止むを得ません。しかし、「訳して理解する」のでなく、英語のまま理解する癖をつけましょう。そのために、一番効果的な方法は、**英語の朗読を聞きながら読む、あるいは、音読しながら読む**ということです。

80 ～ 90% の理解で読む

　理解度100％で読むことにこだわると、短い文章を読むのでも、何時間もかけることになってしまいます。このような読み方は精読と言われます。精読もひとつの英語学習法であり、それも必要ですが、精読だと、長い本（例えば1冊1万語を超す小説）を楽しむことができません。長い本は、ところどころわからなくても、筋の流れを理解するだけで十分に楽しむことができます。かといって、知っている単語と挿絵でストーリーを想像するだけだとやはり英語力は伸びません。

　（英語力の伸び）$\propto$（読書英文量）$\times$（理解度）^{4}

という仮説を私（古川）は提唱しています。この仮説によれば、理解度5割で多読すると、理解度8割の多読に比べて、$(0.5)^4 / (0.8)^4$ =0.15258... なので、15％程度の効果しかないことになります。したがって、生徒を指導するには、8割の理解度（その本の内容について簡単な質問をしたとき、5題に4題は正解する程度）の理解度で読むように指導するのがよいでしょう。

大量に長時間読む

　多読というくらいですから、ある程度長時間集中的に読む、また、

１年間を通じて、長時間読むということが必要です。多くの多読指導者は、自分のクラスの指導経験から、多読で効果が上がるには、年間30万語程度の多読が必要といっています。日本人の場合、読書速度は、遅い人で分速80語程度、速い人で分速200語程度なので、十分に効果を上げるには、年間で1500分〜3750分、つまり、25時間〜62時間の読書時間が必要となります。

どうして多読なのか？

英語を学ぶのに、英文法、語彙の知識が必要なことはいうまでもありません。通常の授業では、授業時の生徒の理解度を上げるために、焦点をしぼって特定の文法事項や特定の表現を強調して教えるのが普通です。

しかし、実際に「英語で会話する」、「英語で、メールに返事する」、「英語の文献・本を読む」という場合には、細切れの知識だけでは、速やかに対応できません。

授業で習ったひとつひとつの単語の意味、語法、文法を総合的に使いこなさないと、英語運用能力は上がっていきません。総合的な英語力を上げるには、「英語を学ぶ」だけでなく、「英語で討論する」、「英語で文通する」など、英語を実際に使って、英語で考える訓練が必要です。「英語で討論する」、「英語でメールする」機会は多くなくても、「英語で本を読む」ことは、日本に住んでいて、英語母語話者と接触のない英語学習者でも可能です。「英語で考える」最も手軽な学習法が、大量に英語の本を読む英語多読です。

英語で本を読む利点

英語で本を読む利点はたくさんあります。

（1）ひとりで、場所を問わずに読める
（2）英語を英語のまま読むことで、英語で考える脳を作ることがで

きる

（3）例え間違えた解釈を一時的にしたとしても、会話と違って恥ずかしくない

（4）内容のあるまとまったものを読むので、楽しく、ストレスなく続けられる

などです。**語学では、継続が力**です。どんなメソッドでも、長く継続しない限り、確かな効果がありません。その点、多読は楽しく長く続けられるという、最大の利点があります。多読で英語力を上げながら、他の方法を併用してさらに力を伸ばすのがよいでしょう。

多読と精読

　精読は、一語一語の意味、一文一文の意味をしっかり理解して読む読み方です。本来の意味からすれば、英語のまま精読というのもありなのですが、日本の英語の授業では、一文一文の文型（SV、SVC、SVO、SVOO、SVOC）に着目し、一文一文を日本語に翻訳するという授業を精読ということが多いと思います。

　多読では、基本的に、5文型に分けて分析的に読むということはしません。しかし、多読といえども、句や節のまとまりを意識し、どの句がどこにかかっているのかをしっかり理解しながら読むことは大事です。そういう意識がまったくないと、長い文章を正確に読むことは不可能ですし、自分で英語を書く場合に、長くて正確な文章を書くことはできません。多読と精読は、対立するものではありません。特に、小学生・中学生が初めて多読するときは、「わからないところは飛ばせ」という指導をするよりも、「もしわからなかったら、先生に聞いて」という指導をするほうがよいでしょう。

すべり読みの危険

　多数の中高生を教えている私の塾には、毎年新中1生が300名以上「中1多読クラス」に入会しますが、その中には、毎年数名、「小

学生の時に大量に多読し、Harry Potter も読んだことがある」という生徒が入ってきます。その中で、20 名に 1 名程度は、「本当に Harry Potter レベルの洋書が読める」ようになった凄い生徒なのですが、20 名中 19 名は、「読んだ気になっているだけ」の生徒なのが実情です。Hatchet、Darren Shan など、すでにいろいろな「児童書を読んでいる」と本人も親も思っているのですが、あらすじを聞くとまったく答えられない、McGraw Hill の *Timed Readings* の読解テストをしてもほとんど解けない、Writing させてみると間違いだらけという生徒が多いのです。こういう生徒は、知っている数少ない単語を拾い、想像力豊かに本を読み、まったく別のストーリーを創り上げて楽しんでいるのです。このような読み方を、「すべり読み」、「妄想読み」と言いますが、多読では、原則内容理解のテストをしないため、特に、小学生や中学校の低学年では、この現象が起こりがちです。

　したがって、特に、低学年での多読の導入時には、（1）「わからないときは、しっかり考える」ことを徹底させること、（2）非常にやさしい「確実にわかるレベル」から始めることのふたつが重要です。小学生が対象の場合、「多読」の前に、「読み聞かせ」で、内容を確認しながら先生と一緒に読む経験を十分にさせることがよいと思います。

多読に適した英語図書

　英語学習のゴールのひとつは、英語の長編小説や専門書を、流暢に読むことだといってもよいでしょう。多読の最終目標も、辞書をほとんど使わずに、長編小説や専門書を読めるようになることです。しかし、最初から長編小説に挑戦することはできません。ですから、英語初心者が読める本から始めて、徐々にレベルを上げていくのがよいのです。

　英語をまったく学んだことのない人の場合、単語の読み方も、単

語の意味もまったくわからないので、非常に簡単な絵本ですら、理解は不可能です。しかし、英語を100時間くらい学んで、英語の規則がちょっとわかり、100語程度の英単語の意味がおぼろげでもよいから理解できれば、その位の英語力でも十分読める英語の絵本は存在します。

　ひとつは、英語の母語話者の子どもが、読めるようになるように工夫された、英語の母語話者向けの、Leveled Readers（LRと略します）というレベル分けされた本です。このやさしいものは、1冊50語程度の単語で書かれており、英文も非常に簡単な構造のものしか出てこないので、挿絵と朗読CD（音声）があれば、英語初心者でもそれなりに理解できます。Leveled Readers の代表的なものに、イギリスで出版されている Oxford Reading Tree があります。

　もうひとつは、英語学習者用に開発された、Graded Readers（グレイディッド・リーダー）というタイプの本です。GRと略されるこのタイプの本は、英語学習者用に作られているので、英語の文法、英語の単語が丁寧に制限されています。高校生・大学生・社会人用に作られているものは、たいてい7段階にレベル分けされていて、基本単語200語だけで書かれたものから、基本単語3000語で書かれたものが用意されています。

Graded Readers（GR）の利点

　Graded Readers（以下 GR と略します）の利点は、基本単語や表現が繰り返し出てくるように工夫されているので、同じシリーズの同じレベルの物を大量に読むことによって、自然に、同じ表現に何度も触れ、語彙や文法が習得あるいは強化されやすいということです。また、学習用なので、理解チェック用の問題が巻末についていたり、基本単語以外の表現については、語彙表（glossary）がつ

いていて、読書の前後に語彙をチェックすることができるようになっていることが多いです。最近は、英語を学び始めたばかりの小学生向けの GR や、基本単語 75 語程度で書かれた GR や、1 冊 500 語 ~1000 語程度の短いノンフィクションの GR も増えてきました。

Leveled Readers（LR）の利点

　Leveled Readers（以下、LR と略します）の最大の利点は、英語母語話者の幼児・小学校低学年の生徒という広い読者を対象としているので、様々なシリーズがあり、全体の冊数が非常に多いということです。多読では、ゆっくりとレベルを上げる方が効果的であり、そのためには、ほぼ同じレベルで、大量の英文を読むことが必要です。GR も最近はいろいろなシリーズが増え、冊数も増えたとはいうものの、LR の冊数にはかないません。GR だけでなく、LR や、英語母語話者の小学校低学年向けのやさしい児童書（Chapter Books）を併用するとレベル上げがよりスムーズとなり、多読がより魅力的になります。

　ただし、LR のレベル分けは、GR に比べるとかなり雑です。特に、単語は、かなりやさしい LR でも、外国人学習者には難しいものも出てきます。ですから、LR・児童書は、指導する先生がしっかり事前に読んでシリーズの特性を理解してから多読指導に取り入れる必要があります。

多読授業のかたち

　多読授業の形は、学校ごとに違います。どれが一番よいかということは一概には言えません。ただ、長期間にわたって多読指導が成功している（＝生徒の成績がはっきり伸びている）学校では、

1）授業内に実際に読書をする時間が確保できている
　　（例えば、週 1 回 50 分、年間 30 回など）

2) 先生が生徒の読む本をコントロールして、一人一人に適切なレベルの本をすすめている

　（背伸びして、どんどんレベルを上げると、途中で挫折し、多読が止まってしまう）

3) 洋書の貸出が可能で、授業外に、授業内以上に読む生徒が相当数いる

　（週末、夏休み、冬休みにもコンスタントに多読する方が、多読の効果は高い）

という共通の特徴があります。

　授業内に多読の時間を確保するのは非常に重要です。授業中に、生徒が本を読んでいる様子を見ているだけで、生徒が「本を本当に読んでいるか」、「読書を楽しんでいるか」はだいたいわかります。また、生徒が本を読んだ後、先生がその本の感想を一人一人の生徒とシェアすることで、生徒の読書傾向を知ることもできるし、その本を先生も読んでいることがわかると、生徒と先生の距離は縮まり、生徒は、だんだんと本当の自分の気持ちや、読みたい本を正直に言ってくれるようになります。

時にはレベル下げが重要

　「難しい本を読むほうがカッコいい」と思う生徒は多いので、自分が楽に読めるレベルではなく、もっと難しいレベルの本ばかり読んでしまう生徒が現れることがよくあります。この状態を放っておくと、だんだんと、生徒は疲れが溜まってきます。この状態を発見したら、本人のプライドを傷つけないように、うまく工夫して、先生のほうでレベル下げを指示するのがよいでしょう。**レベルは下げてもよい**と、生徒が理解すると、自らレベルを下げることができるようになります。

　逆に、もっと読める力があるのに、レベルをいつまで経っても上げない生徒の場合、生徒を励まして、レベルの高い本に誘導してく

ださい。レベルの上げ下げをコントロールし、そして、生徒が楽しめそうな本をすすめることができるようになれば、多読指導の教師として一人前といってよいでしょう。

各生徒への適切な本の選び方

　各生徒への適切な本の選び方は、正直言って難しいです。最初は、クラスのどの生徒も「こんなやさしい本から読むの？」と疑問を持つくらいのやさしいレベルの本（多くの場合、1冊30-50語程度のLRや子ども用のGRとなります）から始めます。そして、（1）しばらくそのレベルの本を読み続けてもらう生徒（2）少しずつ、そこからレベルを上げていく生徒（3）急速にレベルを上げる生徒、を見極めていくしかありません。

　読書の様子、生徒の気質、生徒の英語の成績を総合的に判断し、生徒一人一人の様子を観察して、個別にレベルを調整していってください。

　そして、レベルが上がりすぎたら、躊躇なくレベルを下げてください。

　まず、指導者自身が本をさくさん読んで、生徒に自信を持ってすすめられる本を各レベルに数冊ずつ用意し、その感想をシェアしながら、各生徒のレベルを判定して、適切に本を選ぶようにしましょう。そして、読書力のある生徒を育ててください。

英語で本を読む醍醐味

　英語で本を読むことは、単に英語力を上げるだけでなく、（1）教養として読んでおきたい有名古典に触れることができる（2）中高生・大学生が主人公のYoung Adultの本を読んで感動できる　という醍醐味があります。ぜひ、みなさんの生徒にもその醍醐味を味わってもらってください。

多読指導を始めるにあたって英語教師が準備すべきこと

　多読用の図書を揃えることがもちろん必要ですが、本を揃えるだけでは、多読指導はできません。指導者自身が各本のレベル・内容を理解していることが必要です。

　中高生・大学生に多読指導をするのであれば、Foundations Reading Library、Oxford Bookworms/Dominoes Starter/Stage 1、Cambridge English Readers Starter/Level 1、Macmillan Readers Starter、Pearson English/Active Readers Easystarts/Level 1 といった入門期の指導に不可欠なGR の基本レベルの本を少なくともシリーズの半分以上を読んでください。

　また、Oxford Reading Tree、I Can Read、Nate the Great、Iris and Walter、Henry and Mudge、Mr. Putter and Tabby、Rainbow Magic、Magic Tree House など児童書のシリーズにもついても、生徒と感想を共有できるだけの知識が必要です。

　さらに 生徒の多読のレベルが上がってくると、児童書や Young Adult の本の知識も必須です。幅広い生徒を対象に、効果的な指導をするには、指導者がどれだけ適切な多読図書を知っているかが鍵になります。多読指導をする人は、自ら、生徒の読むレベルの本をできる限りたくさん読んでください。読めば読むほど良い指導ができるようになります。また、指導者自身の英語力の向上にも繋がります。

　　※本文は、「多読学会・英語多読指導ガイド」（2020.01）に掲載の記事に、追加し転載をしたものです。

[経験的]
多読の授業を
継続させる方法

西澤　一　（豊田高専名誉教授）

学校側や同僚の先生に、導入した多読の効果を説明するには、テストなどの数字を用いると説得力がある。一方、興味のない生徒はどうやって、引きつけていけばいいのだろうか。そのコツを語る。

1　効果で説得する

高専生の数字で示す多読の効果

英文和訳（未知語を辞書で調べ、構文解析し正確な日本語に訳す）しか知らない学習者が、細部にこだわらず物語の展開を追う多読の読み方を試すと、早期に「英文を敬遠しなくなった」、「読むのがラクになった」と実感します。

また流暢性を測る Dictation テスト得点も数カ月で、初見英文の Reading テスト得点も1年で上昇します。

しかし TOEIC の得点が顕著に上昇するまでには、もう少し時間が

かかります。

　多読開始前にも英語にたっぷり触れている場合には、より短期間に効果が現れることもありますが、中学1年から学校で英語学習を始めた多くの日本人の場合は、語彙文法知識は豊富でも英語に触れた量が少なく流暢性が低い（英語情報処理が遅い）ため、高専生と同様、TOEIC得点の上昇までには時間がかかるでしょう。

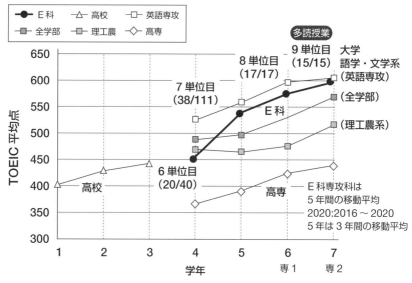

図1：豊田高専の学年別TOEIC平均点（2020年）

長期継続多読プログラムの効果

　豊田高専では、電気・電子システム工学科（E科と略称）が2004年に2年生から専攻科2年生までの6学年に各1単位（週1回45分×30週）の多読授業を導入、その後、2008年には全校共通科目で1〜3年生に各1単位の多読授業を追加し、効果をTOEICで確

認してきました（図 1）。

　（高校 1 年と同学年の）1 年生から多読を始めた高専生の TOEIC
平均点が上昇するのは 4 年生以降で、1 〜 3 年生で 4 〜 5 単位の多
読授業を受講した 3 年生の TOEIC 平均点が 400 点を超えたのは
2005 〜 2019 年度の 15 年間で 1 度だけでした。他方、4 年生以
上では年 1 単位の多読授業を継続することで、英語専攻の大学生全
国平均に匹敵する得点上昇を示し、（大学 4 年と同学年の）専攻科 2
年生の平均点は、全国高専平均より約 150 点高くなっています。

　平均的な学生は年間 20 〜 30 万語の読書ペースで累積読書量
100 万語に達し、Oxford Bookworms Library Level 1（OBW1;
YL2.0 〜 2.4、語彙レベル 400 語）等、テキストの長さ 5,000 語以
上のやさしい英文を初見で（毎分 100 語以上で）スラスラと読める
ので、英文和訳から卒業できていると判断できます。聞き読みを通
してリスニングの流暢性も高まっているので、その後は読書量の増
加に従って TOEIC 得点も無理なく上昇していくのでしょう。

多読は留学の疑似体験

　多読による TOEIC 得点上昇は留学の効果と似ており、多読と留学を組み合わせると連続的に上昇します（図2）。

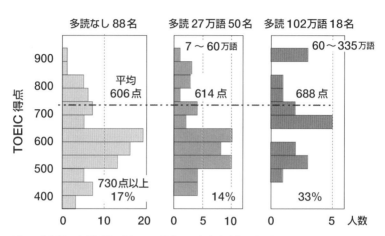

図2：留学前の多読授業の影響　西澤他、国際交流活動と英語多読による工学系学生の英語運用能力改善 ,『工学教育』61-1, pp147-152 (2013) 図4のデータを更新

　留学前に読んだ量が少ない（7～60万語）場合には有意差はありませんが、より多く（60～335万語）の多読をした学生は、留学前に多読しなかった学生や、読書量の少なかった学生に比べて、帰国後の TOEIC 得点分布が高得点側にシフトし、平均点も70点程度高くなっています。また、帰国後も（数年間で100万語以上の）多読を続けた学生は、英語力を維持、向上できていることから、多読は留学の事前事後学習に適しており、留学の疑似体験になっていると考えられます。

長期継続が有利

　多読による擬似体験は、留学者の生活体験より（英語力向上に関して）時間効率が高いようです。例えば、英語圏留学者はTOEIC600点に達するのに10カ月を要しており英語との接触時間は約1,000時間（5時間×5日×4週×10月）と試算されますが、6〜7年間で200万語を読みTOEIC平均595点を達成した学生が要した読書時間は、毎分100語で計算して334時間と、留学時の試算値の3分の1です（図3）。

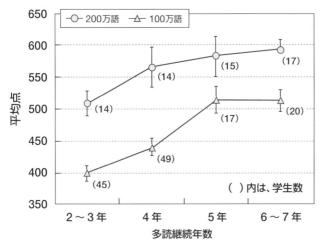

図3：100-200万語読破者TOEIC　西澤他、高専生の英語運用能力改善に必要な英語試用時間の推定 ,『工学教育』70-2, pp 49-54（2022）図9

　留学者が現地で触れる英語の多くが難しすぎて理解できない現地校での授業であることから考えれば、やさしい英文の読書で主人公たちと一緒に過ごす擬似体験のほうが、英語習得に有益な「わかる」インプットになっていると考えれば、納得できます。

　ただし、多読の効果が現れるには時間がかかり、多読プログラムは短期集中より長期継続が有利です。

　累積 100 万語以上読んだ学生について、読書量 100 万語、および、200 万語達成前後に受験した TOEIC 得点を調べ、多読継続年数別にグループ分けして比較しました（図 3）。

　累積読書量が同じ 100 万語でも、5 年間かけて読んだ学生（平均516 点）のほうが、2 ～ 3 年間で読んだ学生（平均 399 点）よりも、平均点が高くなっています。また、累積読書量が 200 万語の場合も、4 年間以上かけて読んだ学生の TOEIC 平均点の方が 2 ～ 3 年間で読んだ学生よりも高くなっています。

　2 ～ 3 年で 200 万語読んだ学生が TOEIC600 点に達するには、さらに 100 万語読む必要があり、のべ 300 万語読むのに（毎分100 語で）500 時間かかります。6 ～ 7 年で 200 万語読んだ学生が要した 334 時間よりも長い読書時間が必要です。なお、2 ～ 3 年で100 万語読んだ学生も、5 年以上かけて読んだ学生も、読んだ英文レベルに大きな差はありませんでした。すなわち、2 ～ 3 年で 100万語読んだ学生が無理して高いレベルの本を読んでいたため「わかる」インプットになっていなかったわけではありません。

　継続年数で違いが出る理由は、まだよくわかっていませんが、流暢性の向上に時間遅れがあるからではないかと推測しています。すなわち、やさしい英文の多読により TOEIC 得点上昇に効く流暢性が向上するには（睡眠や、読んでいない時間も含めた）時間がかかるため、一気に読んでも変化が追いついてこないとの考えです。

　理由は別にしても長期継続が有利なことは明らかです。7 年かけて 100 万語しか読まなかった学生の読書ペースは毎年 14 万語に止まり、授業時間以外には読んでいないと推定され、決して褒められない学習スタイルですが、それでも TOEIC500 点は越えています。多読は焦らず気長にボチボチ続けていれば自然に結果がついてくるとの見本でしょう。

2 多読に興味のない生徒や学生を継続させる方法

 よくある疑問に答える

　英語使用に関心のない生徒、学生を継続してもらうのは困難ですが、英語力を付けたいのに多読に興味がないのは、多読の効果に疑問を持っているからです。学習者が持つ典型的な疑問に答えましょう。

Q1 〉「和訳なしでは英文を理解できないのでは」

A1 〉 絵本から始めれば理解できる

　これは、学生だけでなく多くの社会人にも共通する疑問です。学生時代に英文和訳で英語を学習してきて、その後に仕事や趣味で自ら英語を使ったことがない人には、当然の疑問かもしれません。未知語はすべて辞書で調べ、正確な日本語に訳さないと点を取れない英語の試験の後遺症とも言えます。

　実際には、挿し絵の豊富な絵本から多読を始め、スターターレベルの GR で聞き読みをすると、100% の理解がなくても物語を楽しめることを自ら体験できます。本当に理解できないかどうかも含め、まずは自ら確認してもらうのがよいかと思います。

Q2 〉「多読多聴（インプット）より、会話（アウトプット）でしょう」

A2 〉 インプットの流暢性がカギ

　英語で困った実体験がないと、相手の発言を聞き取れない悲惨さを認識できないのかもしれません。原稿を覚えて暗唱するのでなければ、聞き取れない内容を話すことができないことは明らかで、（母語でのように）考える前に言葉が出てくる自然な発話には、その前提としてインプットの流暢性が不可欠です。実際に豊田高専では、学生の過半数が 100 万語を読破した専攻科（多読 6 〜 7 年目）で

は、授業内活動としてブックトーク（課外で読んできた本の紹介と質疑を英語で行う）を無理なく行えており、本科（5年間）の多読がアウトプットの準備になっています。

Q3〉「絵本ばかり読んでいては、レベルアップできないのでは」

A3〉 和訳から卒業し流暢性を高める

多読の目的が自然な語彙習得であれば、未知語のないやさしいテキストの読書は無意味かもしれません。しかし（TOEIC600点未満の）日本人学習者の多読の主目的は、語彙習得の前段階としてインプットの流暢性を高めることにあります。

和訳することなくOBW1等長さ5,000語以上の英文を初見でスラスラ読むことができるようになるまでは、まず絵本でイラストから物語の展開を理解して、未知語や表現を気にしない読み方に慣れ、その後は朗読音声を用いた聞き読みで、和訳なしに英文を直接理解する読み方に転換する必要があるのです。

3　多読の場や時間、教室を広げる工夫 学習者支援工夫の観点から

授業や朝読書などで確保された定常的な読書時間を確保し、学習者が選べる豊富な多読ライブラリを整備し、学習者ニーズに個別相談できるスタッフがいれば、あとは継続期間（できれば4年以上続けたい）の問題です。

その上で動機づけに有益なのはロールモデルです。誰でも身近に成功例があり、多読に熱心に取り組むクラスメートを見れば、私もやってみようという気になります。多読プログラムを始めるときには、学生、生徒のモデルはいませんので、指導者、英語担当以外も含めた教員、卒業生、地域の社会人等、なるべく学習者が身近に感

じられるモデルを探して、紹介しましょう。

　また、開始時には英語力のばらつきが大きいことが普通です。クラスメートとの相対比較は無意味なので、学習者自身の成長に気づかせる工夫が大切です。例えば、読書記録を活用して、半年前に苦労していた本を再読してもらい、今はラクに読めるようになったことを自覚してもらいましょう。

　担当教員がひとり、または少人数で進めてきた多読を学部や学年に広げることが難しいのは、継続期間の短い多読の成果を入学試験やTOEIC等の外部試験の結果で明確に示すことが難しいからです。「楽に読めるようになった」等学習者の声や読書を楽しめている状況だけで、多読に懐疑的な人に納得してもらうことは困難です。

　豊田高専では週1単位の多読授業の成果を外部試験で確認するのに4年以上の継続期間が必要でしたが、多くの機関はそれほど長くは待てないでしょう。現時点では関係教職員が、自らの体験として多読の効果を実感しているケースも稀です。多読を広げる現実的な方法はあるでしょうか？

少人数でも継続できる環境を整備

　多読授業が1年で終わってしまう場合も、例えば多読クラブ等の課外活動で、希望する学生の多読継続期間を伸ばすことができます。また、授業が中断する長期休暇期間中にも多読を続けることができれば、必要な継続期間を圧縮できる可能性があります。いずれも、図書室に多読用図書を配備し、来室した学生の本選びの手助けをできるよう体制を整備することが必要です。

国際交流活動との連携

　留学、海外研修等の国際交流活動の事前準備、事後の英語力保持には多読が有効です。特に3カ月以内の短期活動では、単独で英語

運用能力を向上できませんが、前後に多読を加えることで全体としての効果を期待できます。活動前に 60 万語以上読む多読経験者が増えてくれば、連携効果も見えるようになるでしょう。

機関外との連携

機関内だけで長期継続多読を組めるのは、中高一貫校か高専ぐらいのものですが、中高連携、高大連携の取り組みとして、機関を超えて個々の学生が多読を継続できるプログラムを組めれば４年以上の長期継続が可能となり、大学受験や、外部試験でも顕著な効果を期待できます。

地域の生涯学習として

教職員、保護者の中に多読の体験者が増えれば、長期継続多読をという雰囲気も出てきます。また地域の図書館に多読用のやさしい英文図書が整備され、趣味として多読に取り組む大人が増えれば、多読授業への理解も広がるでしょう。特にシニア世代の知的な趣味のひとつとして図書館での多読が広がることを期待しています。

「楽しくなければ多読じゃない！」

小学生以下、中高生、大学生──多読をスタートさせる場合のやり方とコツ

小学生から大学生まで、それぞれの時期の特徴に合わせて、多読の導入の仕方は異なってくる。ここでは、各時期の特徴をつかんだ上での導入のポイントを、詳細に説明していく。

髙瀬敦子
（岩野英語塾講師、元日本多読学会会長、
国際多読教育学会理事）

　多読を行うのに一番大切なことは、どの年齢の学習者であれ、読んで楽しいと感じるような本を読むことです。楽しくなければ読書が進まず長期継続ができません。多読は、勉強ではなく楽しみでなくてはなりません。楽しみながら多読を行ってこそ、自然と英語力が身につき、英語運用能力が向上していくのです。

小学生以下の場合

　英語を習得するには、英文法・語彙の知識が必要ですが、それには、多聴・多読を通して大量のインプットを行い、文脈の中で学習し、アウトプットにつなげていくのが効果的な方法です。

・多読を始める前に耳から自然な音声をたくさん入れる
・子どもたちが大好きな歌やお話から

　　小学生以下と言えば幼稚園から小学6年生まで幅が広いですが、共通することは、多読を始める前に、まず耳から自然な音声をたく

さん入れて、英語の音声に慣れさせることです。それには、英語の絵本の読み聞かせを行ったり、歌を聞かせて一緒に歌ったり、誰でも知ってるような昔話やおとぎ話を聞かせたりするのが効果的です。こどもたちは歌ったり、お話を聞いたりするのが大好きなので、まずは、歌やお話の世界に引き込むようにします。

幼稚園から低学年では、Nursery Rhymes や簡単な子どもの歌等を使い、指や身体を動かしながらできる簡単な英語の歌を導入します（例：Wee Sing Mother Goose; Children's Songs and Fingerplays）。子どもたちは、リズミカルな歌をすぐに覚えてしまい、歌に動作がともなえば、より記憶にとどめやすくなります。また、高学年では、歌の絵本（例：JY Books）や、ディズニーの歌（例：Disney Songs）なども追加できます。

読み聞かせには、児童・小学生に人気がある Eric Carl（*The Very Hungry Caterpillar, Today Is Monday*）、Leo Lionni,（*Frederick, Swimmy*）、Arnold Lobel（*Frog and Toad Series*）, Maurice Sendak（*Where the Wild Things Are*）、Verginia Lee Burton（*The Little House*）などの名作があります。また、日本の昔話や宮沢賢治の作品を英訳した絵本等は、みんなが話を知っている場合が多く、子どもたちは楽しみながら英語の絵本に入っていきます。

The Very Hungry Caterpillar

Swimmy

日本語で読んで知っている本は、親しみがわきやすい。

Frog and Toad Are Friend

多読を開始する場合、最初は Oxford Reading Tree（以下 ORT）シリーズの Stage 1 の字のない本を使い、絵を見てストーリーを考えさせたり、タイトルがどのような意味か当てさせたりします。一緒に絵を見ながら、登場人物の表情や動作などについて、When、

Where、Who、What、Why 等々の質問をすると、みながいろいろ考え、ワイワイ言いながら答えます。話の続きを推測させるのも、大いに盛り上がります。また、ORT には絵のトリックがあちこちに隠されていて、それを見つけるのも子どもたちは大好きです。

　実際に文字を読み始めるときは、必ず聞き読みを行わせます。音声を聞きながら文字を見ていくと、音声と文字が結びつき、発音だけでなく、リズムやイントネーションも自然とつかめるようになります。特に耳の発達段階にある幼稚園や小学生の間に、自然な音声を耳に入れることはとても大切です。この ORT シリーズには（別売りで）音声ペンが付いていて、全体の話の録音とページごとの録音があるので、全体を聞いて、聞き逃したページを何度でも聞き返すことができます。また、アメリカ英語とイギリス英語両方で録音されているので、両者を比較することもできます。最近は CD プレーヤーがない家庭が増えているので、各自で聞き読みをするには、音声ペンが便利です。

　また、語彙力を増やすには、学習者にフラッシュカードを作成させるのが非常に効果的です。ORT に出てくる単語を教師がカードの裏に書き、絵を生徒に描かせると、大いに乗り気になり、ユニークな絵を描いてくる生徒が多く、本人のみならず、クラスメートも、必ずその単語を覚えます。絵と音声と文字で、単語を覚えていきます。

　教室では、家で練習をしてきた本を、皆の前で発表させると、われ先にと手を上げて、書画カメラで絵を見せながら、字を読んでいきます。この方法で徐々にレベルを上げて行きながら、多読を続けていきます。

　ORT の Stage 1 から Stage 3 までは、比較的順調にいきますが、Stage 4 で話が少し長くなり、英語が難しくなった場合は、他の平易なシリーズ（例：Sight Word Readers、I Can Read、Step Into Reading 等）の本で語彙力を増やし、様々な文章に慣れさせて、Stage 4 に戻ります。決して急がせずに、内容理解度を見ながら、レベルを上げるようにします。

中学生

まず音読練習を行う

現在、多くの中学生は、小学校での多読経験がないため、最初3〜4カ月は、やさしい本（YL 0.1-0.3）を使い、まず、授業中に次の順序で音読練習を行います（例：ORT Stage 1-3）。

ORTのStage1~3のイラストと文字の入り方はこんな感じ。

Stage 1 *Who Is It?* より。
Stage 1には文字がないものもある。

Stage 2 *What a Bad Dog!* より

Stage 3 *By the Stream* より

① テキストなしで、指導者のモデル音声か CD を聞かせて、内容理解度を確かめる。
② 書画カメラなどを用いてテキストの絵と単語や文章を見せながら、リピーティングを行う。
③ パラレル・リーディングとシャドーイングを行いながら、発音・リズム・イントネーションを学習させる。
④ 本を貸し出し、自宅学習として、できれば毎日 1 冊、各自で上記のような練習をする。
⑤ 授業中に、毎回数名が交代で音読発表を行い、毎週 1 回はクラスの全員が発表する。

ほぼ全員が、ある程度流暢に読めるようになったら、授業中の音読発表時間を、SSR（Sustained Silent Reading: 授業内多読）に変更して、各自の英語力と好みにあわせて、授業中に多読をさせます。この SSR の時間は、指導者にとっては、生徒の読み方を観察しながら、読書記録手帳をチェックして、適切なレベルの本を日

本語に訳をしないで読んでいるか等を調べ、その場でいろいろと指導・助言できる貴重な時間です。

　多読本の種類は、大きく次のふたつに分けられます。

Leveled Readers（LR：英語を母語とする子ども用の段階別絵本）
例：First Little Readers（FLR）Series、I Can Read（ICR）、Oxford Reading Tree（ORT）、Ready-to-Read（RTR）、Step Into Reading（SIR）、Usborne First Reading（UFR）等

Graded Readers（GR: 英語学習者用に語彙や文法を制限して書かれた段階別の学習用リーダー）
例：Cambridge English Readers（CER）、Foundations Reading Library（FRL）、Macmillan Readers（MMR）、Oxford Bookworms（OBW）、Pearson English Readers（PER）、Kids' Classic Readers（KCR）等

　これらを、最初のやさしいレベルから、徐々にレベルを上げながら読み進めます。

高校生

英語習得度の個人差が大きい高校生はリーディング力チェックから

　高校生は、数年間の英語授業を受けていますが、習得度は個人差が大きいです。そこで、私の場合は、SLEP（Secondary Level English Proficiency）Test（現在の TOEFL Junior）を使用して、学習者のリーディング力を調べました。GTEC もよく使われます。

　中学生同様、できる限り自然のスピードの CD を使って聞き読みを行い、パラレル・リーディングとシャドーイングを行いながら、発音・リズム・イントネーションを習得します。また、効果的に多読を進めるために、授業中やホームルームのときに、必ず 15 ～ 30

分 Sustained Silent Reading（SSR）の時間を取り、全員が集中して読書を行う機会を設けます。その間に指導者は学習者の多読状況を観察したり、読書記録手帳をチェックしたりします。

鷗友学園のクラスで行われる授業内多読の様子。全員が集中して読んでいる。その中を先生はクラスを回りながら、生徒が読んでいる本について話をしたり、記録をチェックしたりしている。

　読み方の順序は各自の英語力に合わせて、次のように、徐々にレベルを上げながら 3 年間読み進めるのが、最も効果的です。

① YL 0.1-0.9 の本を 100 ～ 200 冊（5 万語）
② YL 1.0-1.4 の本を　60 ～ 100 冊（10 万語）
③ YL 1.2-1.8 の本を　50 ～ 100 冊（15 万語）
④ YL 1.8-2.2 の本を　50 ～ 100 冊（20 万語）
⑤ YL 2.0-2.8 の本を　50 ～ 100 冊（20 万語）
⑥ YL 2.8-4.0 の本を　30 ～ 50 冊（30 万語）

高校生が 3 年間多読を続ければ、100 万語は読めるようになります。

大学生

最初に、多読と精読の違い、多読の必要性を論理的に納得させる

　大学生の英語力は、各大学によってかなり差がありますが、多読経験がない場合、中高生と同じく、平易な本から多読を開始します。大半の大学生は入試に合格して入学してくるので、英語に自信がある学生が多く、平易な本を拒否する傾向があります。そこで、最初に多読と精読の違いや、多読の必要性を説明し、データを示して、

納得させなければなりません。特に入試直後の学生は、日本語訳の癖がついているので、その癖をとるためには、多読初期に中高生と同じように非常に平易なレベルの本を大量に読み、英語のまま理解できるようにする必要があります。ただし、英語の基礎力が付いている大学生は、多読に慣れれば進歩が速く、きちんと読めば、レベル上げもスムーズにいきます。多読初期に ORT から始めて、9 カ月後には Harry Potter を読んだ学生もいます。

　私の場合は、まず、Edinburgh Project on Extensive Reading Placement/Progress Test（EPER PPT：エジンバラ大学多読研究プロジェクト開発のクローズ・テスト）を行い、多読開始時の本のレベルを決めました。学習者のレベルに合わせたクローズテストや理解度テストを作成して行う指導者もいます。多読が初めての場合は、大学生でも音声練習は必要ですが、クラスで一斉の音読練習ではなく、CALL 教室を使い、指導者が各学生のリピーティング、パラレル・リーディング、シャドーイング等をモニターしながら指導すれば、リーデイング力のみならず、リスニング力やスピーキング力も向上します。

　下記のような読み方をする学習者は伸びが期待できないことを最初に説明してください。

●過去の多読記録手帳から見えた、多読を行っても英語力が伸びなかった学習者のパターン

① 最初から自分の英語のレベルより難しい本を読む。
② 本のシリーズやレベルがバラバラな本を読む。
③ 読書スピードが乱高下している。
④ 多読記録手帳の記入漏れが多い。
⑤ 感想と評価がくいちがっている。
⑥ どの本も同じような感想が多い。（例：まあ読めた。面白かった）

結論

多読を成功させる効果的な読み方は、下記の通りです。

① 自分の英語力よりもレベルを下げて平易な本を読む。

② 日本語に訳をしないで英語のまま理解して読む（日本語訳をしないで理解できる本を選択）

③ 1ページに未知語が5%未満の本を読む。

④ 内容の80-90%を理解できる本を読む（難しい本は選ばない）

⑤ 同じシリーズの同じレベルの本をまとめて読む（同じ単語の出現頻度が高い）。

⑥ 読書スピード：Word per Minute（WPM：1分間に読む語数）は100語前後で開始＝＞150～200になる。

⑦ 読書の途中で辞書を引かない（読書中はメモをしておき、読み終えて調べる）

⑧ できるだけ毎日10-15分集中して読む（週1回は30-60分）。

⑨ 読書後すぐに読書記録手帳に必要事項を記入する。

⑩ 時々レベルを下げて読み、自分の英語力向上を認識する。

イラスト :Elvetica/iStockphoto　113

多読授業のリアル
——アンケート調査より

2021年、日本多読学会（http://jera-tadoku.jp/）を通して、実際の多読の授業などについてアンケートを実施した。20年以上多読を教えておられるベテランの先生から、今年から多読を授業に取り入れた、という新人の先生まで30人の先生がアンケートに答えてくださった。紙数の関係ですべてを紹介することはできないが、おもな質問と回答をご紹介する。*

ここにあるのは高校生を中心に、中学生、大学生などを教える30人の先生がたの多読指導のリアル。

多読に関心のある先生、これから多読を取り入れようと準備をされている先生、実際に多読を実施しながら悩みを抱えた先生、さらに指導の技術を伸ばしたい先生がたにとって、参考になると思われる先行者の体験や知恵がいっぱい詰まっている。「失敗の経験」から厳しさを感じるとともに、「喜びの経験」からは生徒たちの声に励まされる先生がたのなまの声が聞こえてくるはずだ。

✔ 多読授業の運営において、最も大切にしていることは？

●楽しく
・多読を通して学生に英語力の向上を実感できるようにすること。そのために、英語読書の楽しみも実感させながら、なるべく多く読ませるように工夫したり、声をかけたりすること
・楽しく本を読むこと
・そこそこ楽しいと感じてもらう。勉強じゃなくて娯楽。頑張らない
・他人と比べたり競争するのではなく、自分が純粋に多読（多聴）を楽しむことができるかを浸透させる
・自分のレベルに合った、やさしい本をまずはたくさん読むこと。自分が楽しいと思える本を読むこと
・英語読書を楽しむこと

●選ぶ
・最終的に、生徒自らが本を選べるようになること
・自分が読めるレベルを選択する
・学習者が興味を持つ本を容易に選択する
・自分の好きな本を選ぶ

●授業時間の確保
・「環境を整える」ことに加え、「多読のための時間を確保する」こと
・自分も多読をして、多読の効果を具体的に伝え、保護者や生徒の理解を得ること
・授業内30分の多読時間を確保し、すべての学生にクラスメートとともに多読に取り組む時間を共有させること（学生の習熟度にはばらつきがあるが、時間というものは各自平等に与えられていると思うから）
・できるだけ授業中に時間を設けること。授業以外でも読むよう促すこと

●そのほか
・生徒の読書へのモチベーション
・自分も多読をして、多読の効果を具体的に伝え、保護者や生徒の理解を得ること
・長期継続できること
・日常的に小さな成功を体験できること
・読書量で成績をつけない、個別指導の徹底、同僚や大学や学科全体に無理に広げない（ひとりで始める。多読を理解しない人に無理にやらせると必ず失敗する）

●学校の英語の授業全体を 100 とした
とき、その中で多読学習が占める時間
的割合は　どのくらいですか。
（30 件の回答）

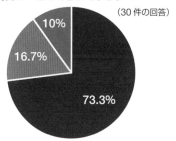

■ 英語の授業時間全体の 10~20%
■ 全体の 30 ～ 40%　　■ 全体の 50 ～ 60%
■ 全体の 60~80%（0%）　■ 全体の 80%以上（0%）

●多読の授業を行うことによる効果は
感じますか。
（30 件の回答）

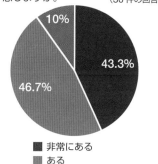

■ 非常にある
■ ある
■ あまり感じられない

●生徒や学生からの多読授業の評判は
いかがですか。
（30 件の回答）

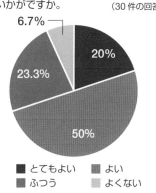

■ とてもよい　　■ よい
■ ふつう　　　　■ よくない

●英語の成績として、多読はどのくらい
評価されていますか？　（30 件の回答）

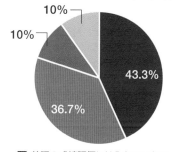

■ 英語の成績評価には入れていない
■ 英語の成績評価の４分の１以下
■ 英語の成績評価の半分以下
■ 英語の成績評価の半分より多い

・多くの選択肢を与えること
・生徒の人数に対してやさしい本が十分にあ
ること
・生徒の英語力を伸ばすこと
・教員の負担になりすぎないようにする
・細く長く、無理をしない持続可能な運営
・本人と保護者に、努力していることを伝え
る。 多読の効果はすぐには出ないが、のち
に大きな力となることをコンスタントに伝
える
・個々の興味とレベルにあった本をすすめるこ

と。そのためにどのようなことに関心がある
か、本の感想など学生との対話を深めること
・読書を強要しない
・多読学習法の原則の確認、個別の対応（生
徒個々の好みやレベルに合わせた読み方や
本の紹介など）、多読手帳の管理（語数、冊数、
コメントなどから各自の読み方を確認する）
・多読する意味をしっかり伝える
・自宅で読ませることが大切なので、自宅の
宿題と、授業、その中のタスクとテストと、
タスクの連続性をつくる

✅ 多読授業の進め方において、最も大切にしていることは？

●生徒の話を聞く、声をかける、生徒を知る
・多読を通して学生に英語力の向上を実感

できるようにすること。そのために、英
語読書の楽しみも実感させながら、なる

べく多くを読ませるように工夫したり、声をかけたりすること
- 生徒の読み方をよく観察し、生徒の好みや話を聞くこと
- 一人ひとりのレベルと好みをできるだけ知る
- 読書量で成績をつけない、個別指導の徹底、参加者一人ひとりと密にコミュニケーションをとること。英語力ではなく、読書する力の涵養を重視する。本を読む力が育つと、学力全体が伸びる
- 生徒の自主性を尊重し、困っている生徒には適切なアドバイスを与えること
- 各人のペースや好みを見極めること

●やさしい本・自分の力にあった本を読むように
- 各学生さんが、レベルにあった本を読むこと。いわゆる「滑り読み」を防ぎ、自分自身の力にあった本をきちんと選んで読めているかどうか
- 辞書なしでも簡単に読める本を手にすること
- 学生が理解できるレベルの本を読んでいること
- 読めない本は読まない
- やさしい本をたくさん読ませること。継続させること
- 読み方、進め方において無理をさせず、一

人ひとりのレベルに合わせる
- 具体的な読み方を指示すること。98%以上の単語がわかり、理解ができるものを読むように話す。リスニング力をつけるためにシャドーイングや、リスニングだけの宿題も。年間の読書量は10万語、できれば20万語に到達できるように年度初めから話している

●多読の時間を確保する
- 定期的に読む時間を確保
- 多読に興味を持ち、集中できる環境
- 多読の時間をきっちり確保する（文法の練習をしたりしてなし崩しにしない）

●自主性
- 「自分から」という視点を大切に
- 導入時期はゆっくりと丁寧に、慣れてきたらあまりこちらから指示をしない
- 生徒の自主性と最低限のラインの提示のバランス

●その他
- できる限りゆっくりとレベルを上げていくこと
- 音声を同時に聞かせること
- クラスごとに進捗状況（その授業前日までの読了語数）を配布し、学生同士で競争させること。クラスで1〜3位の読了語数を匿名で発表すること

✅ 多読の授業の流れは？

- 黙読、その後、英語でのブックトーク、時々、ブックレポートやポスターを作成
- 授業の最初の15分程度が多読授業
- デジタルブックダイアリーを今年度から高校生に使い始めたので、生徒の読みの様子を把握しておいて、授業の始めにおススメ本を紹介、生徒同士でブックトークをさせた後、読む。最初に、次の読む本に迷っている人は、声をかけるように伝えておく。毎回数人の生徒がくるので、生徒と一緒に本を数種類選び、その中から読み始めてもらう
- 90分のひとつの授業の中で、後半の30分〜40分ほどの時間が多読の時間。前半は、専門のテキストを使った精読の時間。教室の前に本をレベル別に多数並べ、自由に選んでもらう形で多読を進めていた

- 授業中は多読のみ、読書記録手帳の点検は別
- 貸出本の返却、講師が選書した本を授業内で読む、希望に応じて貸出用の本を講師が選書
- 私塾→授業の最後に多読本の一斉音読、黙読、大学→Eステの語数確認、時々大学の図書館に行って紙媒体の本を借りる→次の週授業では読んだ本の紹介
- 授業では読み方や注意するポイントを提示し、練習。学期中に読むべき語数が決められているので、生徒は自習時間に、授業で出されたポイントを意識しながら多読を進めていく。長期休みのときも、多読は宿題に入れる
- 授業開始後の30分程度を、授業内多読に当てている。また、宿題として授業外での多読も行っている
- 毎週生徒が来たら最初の30分（高校生は

60 分）を多読にあてる

・初回にプレイスメントテストで大まかなレベルを知り、それ以降は毎回の授業で 30 分程度の時間を多読に充て、各自で本を選んで自由に読書（記録はつけさせる）、アドバイスを個別に与える（授業中はひとりずつ呼んで口頭で、3 週に 1 回記録を提出させ、コメントを LMS から送る）

・[1] おすすめ本の紹介など、[2] 各自読書、[3] 記録・振り返りの提出

・週に 1 回多読の授業の時間内で実施している

・最初の 5 分

・長期休み以外は強制ゼロ。長期休み後にプレゼンを行うという予告をし、ブックレビューにしてもよいと伝える

・授業前半は指定教科書の学習に当て、後半を多読（Book Report の作成も含む）に当てている

・中学での導入時期は授業の前半はフォニックス活動に取り組み、後半は多読多聴にあてた（主に ORT）。高校 1 年からはシャ読（シャドウイングと多読を組み合わせたもの）に取り組ませる

・月ごとのノルマを提示し、取り組ませる。また、夏期、冬期の課題として

・授業の最初約 10 分で多読、そのあとでペアで読んだ本の内容をシェアする small talk。学期に 1 回程度、好きな本についてのプレゼンをさせる、など

・毎月自由に読んでもらう

・最初に本を各自で選んで（あるいは e ステで）多読をして、授業の終了前に読書記録手帳に記録する

・おすすめ本や読み方の工夫などを紹介し、各自読書、その後場合によって数分できるでアクティビティを行うこともある（印象に残った文を書き留める、生徒同士でおすすめ本を紹介しあう、挿絵を見て英語で説明するといったアウトプットにつながる活動など）

・プレゼンテーションやエッセイライティングの授業の中で、50 分のうち 10 ～ 20 分を読書にあてるよう心がけている

・読書手帳の返却、本日のおすすめの本などを紹介、その後、それぞれ読みたい本を選んで多読。聞き読み希望の人にはヘッドホンを使って行う。時間まで各自多読を行う。読書手帳を教師に渡して終了

・自宅の英語塾での実践です。基本、レッスンでは「読んだ本の感想について BOOK TALK をする」「講師による絵本の読み聞かせをする」「次回までに読む本の貸し出しをする」流れです。本以外に、アニメなどの動画の紹介もします。その感想についてもレッスン内でトークする

・1 年は多読 A、2 年は多読 B、3 年は多読 C という授業を 1 単位各学年に設定している。各学年 5 クラス中、特進クラス 1 クラスと、その他の 4 クラスから希望者が選択し 1 クラスとし、計各学年 2 クラス、3 学年で 6 クラスが実施している。担当者やクラスの生徒の状況によって内容は異なるが、基本的には授業の最初か最後に何か活動を入れ、大部分は多読活動に使う。CD プレーヤーを利用して聞き読みを行う生徒もいる。授業の最後には手帳を提出。毎時間宿題（語数か冊数）を出している

・（教科書の学習後）その週の good readers 3 名を紹介⇒読み方の良い点を紹介⇒おすすめ図書を紹介し、その中の 1 冊を一緒に読む⇒時間のあるかぎり好きな本を読む（全部で約 30 分）

✅ 多読の授業を行っている時に、失敗したと思うことがあれば、教えてください。

・黙読だけをやらせ、事後活動を仕組まなかったとき

・失敗というよりも、半期間でしか授業を担当できないため、十分な効果を実感させることが困難であること

・過去には、真面目な学生が無理してやや難しい本を数カ月続けて読み、疲れてしまうのを止めなかったことがある

・本が少ない点。本についての知識や読んだ経験が不足しているとき

・「読むだろう！」と勝手に思い込んで、蓋を開けてみると全然読んでいない生徒がいた授業

・生徒が難しい本に手を出したがるとき。生徒が語数だけ考えて、本の内容に向き合わないとき
・文法が弱い
・多読をがんばった学生が実力テストで点数が伸びない時は非常につらい。理由がはっきりわからないこともある
・おすすめの本を紹介できないこと。（教員の知識不足と、それを補うための時間がない）
・効果よりも楽しさばかり伝えてしまい、効果について疑問を持つ生徒がいた
・本のバリエーション少ない
・１年目に、目標となる読了語数を決めなかったことと、クラスごとの進捗状況を配布しなかったこと。学生がのんびりしすぎて、読了語数も習熟度テストの点数も伸びなかった。前期から後期に移るときに、読書記録をリセットしなかったこと。後期の読書記録を計算するのが非常に煩雑になった。オンライン授業時に理解不十分なまま「終了」ボタンをすぐ押してしまう学生に、メールで注意したこと。素直に直した学生もいれば、強い反発をした学生もいた。対面授業が解禁になった現在では、メールでの注意は極力避け、対面授業時に諭す方法をとっている
・多読に本格的に入る前にもう少し、文法的なこと（主に品詞やSVなどの文構造など）を丁寧にやっておいてもよかった

・語数を競わせたとき、cheating を試みる生徒が出た。語数不明の本があったため、総語数がカウントできなくなった
・Xreading を使って多読を行っているので Xreading のシステムにトラブルがあると思うようにその日の多読が進まない
・興味のない生徒をどう読ませるかが、今でも課題
・本の紹介があまりできなかったこと
・いわゆるすべり読みをしている生徒の読み方を改善できなかったとき
・読んだ語数の多さを成績に入れるように進めると、不正を行う生徒が出てくることがわかった
・読む意欲がない段階の子に本をすすめたこと（→結局、乗り気がしないので、効果が出ない）読んでいるから大丈夫と思っていたら、字面だけ追ってて、中身を理解していないことがあった
・多読を導入する段階で、生徒によっては多読の学習の仕方が理解しにくく、その生徒のフォローが十分にできないことがあった
・以前、生徒に自由に読ませようと思ったが、自主的に読む生徒は一部だった。本来は生徒が自分のレベルにあった好きな本を読むのが良いのだろうが、現実、授業外でやろうとすると、なかなか読まない。教員からある程度、具体的な指示、宿題があったほうがよい

✅多読の授業をやっていてよかったと思うのは？

・コース終了後も、自律的に多読を続けたいと訴えてくる生徒がいるとき
・学生が英語を読む楽しさを実感できたことがわかったとき
・生徒から、昨年よりずっと本が読めるようになった、読む速さが上がった、GTEC の成績が上がった、など感謝されるとき。自分がすすめた本を気に入って共感してもらえるとき、ひとりの人間同士として本の話ができるとき
・「英語が、受験科目ではなくて生きた言葉であることが初めて感じられた！」といったようなコメントをもらったとき、学生さんが高いモチベーションで読み続ける姿を見ているとき。学期の終わりには明らかに学

生さんたちの英語力が上がっていることを実感したとき
・卒業生の英語力が底上げされていることが、外部試験の結果でも出たとき
・生徒自身に自由を還元できるところ
・勉強じゃない読書の楽しみを共有できたとき
・多読ほど良い家庭学習教材はない。多読を取り入れてから、家庭学習（宿題）の質と量もあがり、自分の子が毎日英語に取り組んでいる様子を見ることができる親から喜びの LINE が来たりするとき（結構来ます）
・どんなに元気なクラスでも、多読の時間は静寂さを感じられるとき
・学生が本（英語日本語を問わず）を読むよ

うになったとき、読み終わって「面白かった！」と言ってもらったとき
・ガリ勉をしなくてもそこそこ模試などで良い成績を取ることができるので、生徒が嬉しそうなとき
・多読を楽しみがんばっている学生がいるとき、学生の英語に対する意欲や自信が増したとき、実力が伸びたことを感じるとき、本の内容や感想を学生たちと語ることができるとき
・生徒がたくさんのコメントを書いてくれたり、楽しいです！と言ってくれるとき
・多読開始時の授業後に、各クラス1名ほどの学生が嬉しそうに「家で読んでも良いのですか？」と質問に来ること。家で30分読むようにと授業中説明しているが、[このような簡単でわかりやすい本を家で読むことで英語の練習とみなされるのですか？]という意味合いを学生が確認したいのだろうと思う。嬉しそうな笑顔が、教材を気に入ったことを如実に表している瞬間
・タブレットやPCが立ち上がると、読書への集中に入ったことを表す静寂がクラス全体を包む瞬間。ピンと張りつめた静寂が、学生の集中力の高さを表している
・Book Report の中に、独創的な視点の解釈を見つけたとき。先日は Foundations Reading Library を好んで読んでいる学生が、悪役 Ryan と Jemma が兄妹であること、家族の気風がふたりの悪さを助長していることなどを指摘した。Jenny が別人としてふたり登場することにも言及しており、緻密な読み方をしていると感心
・同じノンフィクションの本を読んでも、自分の体験などとオーバーラップさせて、芸術的なコメントを書いて来る学生がいること。学生の個性を把握することができるのも、問題演習には見られない、多読の利点
・今まで読めなかったような本が読めるようになりました、と生徒から直接言われたとき

・英語で表現させた際にネイティブに近い言い回しや表現を使う生徒がいたとき
・英語が苦手な生徒が、ニコニコして参加しているとき。入試にも役立ったと、生徒が言ってくれたとき
・生徒から英語の力がついたとか読むスピードが上がった、あるいは英語に抵抗がなくなったなど、ポジティブなフィードバックが返ってきたとき
・まだ実感は正直私もないので、今後に期待
・学生のアンケートで肯定的な意見があったとき
・授業が楽しい、英語に苦手意識がなくなった、多読を選択してよかった、という声を聞いたとき
・授業中に静かに集中できていて、外の鳥の声がよく聞こえてくるようなとき
・英語の本を読むのが楽しいと思ってくれたとき
・読んだ本について楽しそうに語ってくれるとき。英語がとても苦手だった子が、絵本を読んで「ああ、これならわかる！」と、とても嬉しそうに言ってくれたとき。つまり、生徒さんの反応がいいとき
・生徒がこちらがすすめた本が面白かったとコメントをしたとき。「楽しい」「もっと読みたい」「英語嫌いか少し苦手くらいになった」というコメントを得たとき
・学生が楽しく読んでいるのが確認できたとき
・1年以上かけて真面目に取り組んだ生徒が力をつけて、自分で英語を読めるようになったと実感してくれたとき
・多読の特徴は「楽しさ」と「効果の高さ」だと思う。学生さんが、驚くほど高いモチベーションをもって、次々と英語の書籍に取り組むさまは、これほどうれしいことはない。しかも驚くべきことは「楽しい」だけでなく、その効果の高さです。1学期というそれほど長くない期間であるにもかかわらず、学生さん自身も英語力が高まったことを実感できる

✓ これから多読をはじめようと検討している先生に対するアドバイスを

●まず自ら
・まずご自分でいろいろ読んでほしい。特に

やさしい本を
・まずは自分で100万語。これなしで指導す

るのは危険

・先生自身が多読を楽しむことが大事だと思う。まずは ORT から始めて、生徒にどんなことに気づいてほしいか、そういう視点で読むことが必要だと思う

・ぜひ好みのシリーズを見つけて、読むことを楽しんで欲しい。まだ理解できなくても、いつか理解できる日が必ずくる

・学生にすすめる本はご自身で実際に読んでみて欲しいと思う

・ご自分でも多読を体験されて、多読の効果や楽しさを実感されるのがよいと思う。また指導経験者の他の先生がたと繋がって、情報交換などすることが必要かと思う

・自ら楽しむべきです。あと、生徒をよく見ていれば、気づきがたくさんあるはず

・まずは、自分でいろいろ読んでみることから。もしかしたら英語以外の語学でやってみると生徒さんの気持ちがわかるかも

●多読のできる環境をつくる

・学生が多読を長期継続できる環境を整備する

・子どもたちは、家で読むように伝えても読まないので、教室である程度時間をとって読ませることが大事

・少しずつでも始めて、そのうち同僚で一緒にやれる人が出てくるとやりやすくなる

・まずは授業の 10 分でいいのでやってみることが大切だと思う。そして志を同じくする仲間を作り、少しずつ広げていけばやがて学校全体の取り組みになると思う

・多読の学会のメーリングリストなどに登録して情報を収集することをおすすめする。

・管理職を味方につける

・書籍をそろえようと思うと予算もたいへんかかるが、オンラインだと、音声付きで手軽に始められてよいのではなかろうか

●その他いろいろ

・ぜひ、初歩の本から始めてほしい。多読初心者は、大人も子どもも、初歩の本から始める。そして、強要しないでください。自分から本を読もうという気になることが大切

・多読だけで英語力が伸びるわけではない。

文法学習、語彙学習、精読と並行して行うべき。多読の効果はむしろ、学習者の学習への向き合い方に大きな変化をもたらす点で効果を発揮しているように思う。つまり、選書から理解度確認まですべて「自分でやる」ということ。学力の高い学習者はこれが自然にできている。しかし学力の低い学習者はこれができない。教室では教員に言われることをただやるだけですませがちだが、多読ではそうはいかない。「え？ 自分で読む本を選ぶの？」というところから始め、半年くらい続けると、学習者は自分で考え始める。どんな本が読みたいのか。どのレベルなら自分に読めるのか。そろそろレベルアップしたほうがいいか、まだ簡単なレベルにとどまるか。クラスメートと比べなくなる（このためにも成績に直結させないことが重要）。今の自分に何が必要かを自分で考え始める。これができるようになると、英語だけでなく学力全体が伸びる。メタ認知力の向上が促される。多読の効用は、実はここにあるというのが、最近の実感である。 以上の目的のためには、読む本の選択肢が多いことが必要になる。e ステーションなどを用い、学習者が自分で本を探すことができるシステムは大きな助けになる

・古川昭夫の本を読む。 多読の論文を 1、2 個読む「多読に関する基礎的研究」。視野が広がる

・まずは授業の一部として始めるとよいと思う。例えば大学の授業だと、TOEIC の問題演習などが主流となりつつあるが、それだけだと実用一点張りの潤いのない授業になりがちだ。語学を学習する上での真の目的は、情報や心情のやり取りをすることなので、その目的達成のため幅広いジャンルで練習するには、多読は大変よい活動だと思う

・同僚など周りの方々とのすり合せも必要かと思うが、最終的にはご自分の信念に従って（可能な範囲で）突き進まれるとよいと思う

●アンケートにお答えくださった先生方は下記の通り。（順不同、敬称略）

池田亜紀、小川謙太郎、大縄道子、奥山則和、小林佳世子、サム・マーチー、清水智子、須賀晴美、安田朋子、田中 健、蔦澤亜希、西澤 一、野村範子、畑中貴美、深谷素子、藤井数馬、逸見一志、松山知紘、黛 道子、山下陽子、保田真弓、力石 歩、和田直也、H.H.、.K子、N.M.、クロ、無記名３名（敬称略、順不同）

Part 3

英語教育の中の 多聴多読の位置づけ [理論編]

多聴多読は英語学習においてなぜ有効なのか、多聴多読からコミュニケーションへ向かうには何が必要なのか、学習方法としての多読多聴を実践の中に生かして行くにはどうすればよいのか、などを第一線の先生がたに伺った。

対談 語彙が先か、多読が先か
多聴多読を大いに語る
ポール・ネイション先生×ロブ・ウェアリング先生

多読・多聴と音読・シャドーイングのよい関係　門田修平

多読多聴とコミュニケーション活動
学習法としての多読多聴から、実践行為の中の多読多聴へ　田中茂範

ポール・ネイション先生
×
ロブ・ウェアリング先生

多聴多読を大いに語る

長年、多読や語彙の研究などに携わってきたふたりの大ベテランが、多読の魅力や効果について、さまざまな角度からおおいに語る。

監訳：髙瀬敦子　訳：コスモピア編集部

ポール・ネイション
Paul Nation

応用言語学者。外国語としての英語を対象とした言語教育方法論・語彙習得論の研究で知られている。インドネシア、タイ、アメリカ合衆国、フィンランド、そして日本で英語を教えた経験がある。現在、ニュージーランドのヴィクトリア大学ウェリントン校の言語学・応用言語学科の名誉教授、ニュージーランド出身。

ロブ・ウェアリング
Rob Waring

ノートルダム清心女子大学　文学部 英語英文学科教授。Foundations Reading Library シリーズ、Pageturners シリーズ（センゲージラーニング）などの Graded Readers の著者としても知られる。Japan Association of Language Teachers (JALT)、Extensive Reading Foundation 理事。

「読むために学ぶこと」と「学ぶために読むこと」はどう違うか

Rob

多読（extensive reading）は、通常、学習者の能力のレベルの範囲内で読めるやさしい本をたくさん読んで流暢さ（fluency）を向上させ言語感覚を育てるためのアプローチです。また言語に焦点をあてて、意図的に語彙や文法を集中的に学習することも含まれています。多読は、学習者がもっている知識とリーディング能力を融合させ深めるために設計されたアプローチですね。

　「読むために学ぶこと」と「学ぶために読むこと」の違いを区別することは必要です。

　「読むために学ぶこと」とは、学習者が読めるようになるために、次のようなすべての学習を行うことです。まず、目からの情報と耳からの情報を結びつけ、アルファベットを習得させます。そして、学習者に基本的な語彙や文法を習得させるために、意図的な方法で複数回遭遇させるようにします。このようなやり方は学習者がリーディング力をつける手助けになります。しかし、「学ぶため読むこと」には、母語で読むのと同じように、喜びや楽しみのために、あるいは知識を得たり、興味があるものを自然に読んだりする、という実際のプロセスが含まれます。

　ポールは多読の定義をどのように考えていますか？

多読は学習者に本物の読書経験をもたらす

Paul

そうですね。ひとつは、「本物の（authentic）教材」という観点から考えることができますね。「本物の教材を使う」ことについての議論をよく耳にするからです。

言語学習に携わる教師や研究者の中には、例えば、graded readers（GR）のような、語彙がコントロールされた本を読むことを疑問視する人もいます。そういうリーダーが「本物ではない」という理由からです。しかし、ヘンリー・ウィドウスン（Henry Widdowson）教授は、「本物であること（authenticity）にはいくつかの種類がある」と言っていますね。ネイティブスピーカーのために書かれた本物の教材もあれば、英語学習用に本物のネイティブスピーカーのスキルで書かれた教材もあるわけです。

　学習者が母語で読むのとほぼ同じ方法と目的で外国語を読むという意味で、実際には言語スキルが必要になってきますが、多読は学習者に外国語での本物の読書体験を与えるものなのです。多読の読み物は本物ではないと考えている人たちがいるかもしれませんが、学習者が実際に行っている多読の活動は、本物の読書体験なのです。自分には難しすぎる本や、知らない単語がたくさん出てくる本を苦労して読むのは、「本物のテキスト」を読んでいるとは言えますが、「本当の読書体験」にはならないのです。

　ネイティブスピーカーは、読むことで学び、聞くことで学びます。そして、この学びは実際に使用される言語を通して行われます。多読や多聴は、ネイティブスピーカーではない人々や、ネイティブスピーカーよりも語彙力がはるかに少ない人々に、母語話者と同じような読書の経験を提供することができるのです。そのような多読は、本来の読書の性質を持つものだと思っています。

多読用のGRが効果的な理由

Rob

　私もその通りだと思います。この「読むために学ぶこと」と「学ぶために読むこと」を区別することは、学習段階に分かれた読み物と分かれていない読み物を区別することにも通じますね。もしこのふたつを区別するものがあるとしたら、外国語学習者のために特別に

立案され書かれた読み物は、以前に学習したことを土台にした「足場」(scaffold) があって、それをもとにして次の段階の読み物が作られていることです。

　第一言語を話す子どもたちのための読み物と、言語学習のために書かれた読み物との間には大きな違いがあります。第一言語を話す子どもたちのために書かれた段階別になっていない読み物を、私たちは本物の (authentic) 読み物だと言うことがあります。段階別に分けられていない読み物は、シラバスが体系的になっていません。つまり、Aの本はBの本とつながっておらず、Bの本はCの本とつながっておらず、Cの本はDの本とつながっていないのです。つまり、それぞれの本の語彙や文法はランダムで、シラバスやカリキュラムが体系化されていません。

　そのため、教育心理学の最も重要な知見のひとつである「学習率」と「忘却率」に注目すると、ある学習者がAの本を読んで、本自体は楽しんで読めても、新しく出会った単語はすぐにその単語に遭遇しない限り、おそらく忘れ去られてしまうでしょう。単語がランダムに出てくるやり方では、それぞれの本が異なるトピックに関する異なる語彙を使っているため、本やトピック間のつながりはまったくありません。そのためにおそらく多くの単語が忘却の彼方にいってしまうのです。

　これは、EFL (English as a foreign language: 外国語としての英語) の環境にいる学習者にとっては特に大きな問題です。日本では教室外で英語に触れる機会がほとんどないからです。同じ日本人の学習者でも、日本で英語を学ぶ場合は、アメリカやカナダやニュージーランドのようなESL (English as a second language: 第2言語としての英語) の環境で学ぶ日本人の学習者が得られるような英語に触れる機会はありません。

EFLの学習者には、同じような体系的なインプットがありません。ですから、教師としては、単語や文法を何度も何度も繰り返しインプットすることで、この忘却曲線に対抗しなければなりません。もしインプットがランダムになされるのであれば、忘却曲線に対抗することはできません。多くの不要な単語が出てくるからです。

　ご存じのように、GRは、レベル1、レベル2、レベル3、レベル4のような各レベルで、基本的な語彙を紹介します。たとえばレベル3では、レベル2の語彙をベースに、レベル3の語彙を体系的かつ規則的な方法で増やしていきます。同様に、文法も体系的な方法で積み上げていきます。そして、このような本のために選択された文法や語彙は、学習者が学んでいるコースブックと非常に密接に関連していることが多く、コースブックでの学習とGRの間には同様な関係があります。このような体系的なアプローチは、EFL学習者に最適です。だからこそ、GRを使った多読は、学習者が必要とする言語を定着させ、強化する方法だと言えるのです。ですから、段階別の教材とそうではない教材を区別することは非常に重要だと思います。

　例えば、『フランケンシュタイン』のような本の原作と原作をやさしく書き直したGR版を考えてみましょう。原作版を見てみると、おそらく学習者が二度と出会うことのない低頻度の単語がたくさん出てきます。一方、GR版は同じ単語が何度も何度も出てきて、単語と文法の関連性を強化することができるので、EFLの学習者に適しているわけです

学ぶ上で重要な3つのポイント

Paul

そうですね。多読を考える際のもうひとつの観点は、How does learning occur from extensive reading? 「多読からどのようにして学びが生じるのか」という問いかけだと思います。多読から学び

が生じる要因は何なのでしょうか？　重要なのは、次の3つのこと
だと思います。

　ひとつめのポイントは「焦点をあてること」。言語のどのような特
徴に焦点を当て、どのような注意を払っているかということです。

　ふたつめのポイントはとても重要なポイントですが、「反復」で
す。ロブも話していましたね。何かを学ぼうと思ったら、何度も繰
り返す必要があります。反復といっても、まったく同じものを何度
も聞いたり読んだりすることではありません。語彙に関して言えば、
ひとつ単語を別の文法形式で遭遇することもあるし、別の文脈で再
度出会うこともできるし、同じ文脈で再会することもあるでしょう。
反復にはいろいろな種類があります。まったく同じことを何度も繰
り返す「逐語的反復」もあれば、「多様性のある反復」もあります。
「多様性のある反復」とは、ひとつの単語に複数回遭遇する場合、
以前に遭遇したときとは異なる意味や形での遭遇があると言うこと
です。それでもひとつの単語には多くの共通性があります。

　3つめのポイントは、語彙学習における「未知語と遭遇する質の
問題」です。新しい単語に出会ったとき、その瞬間に起きる脳内の
処理の質が高ければ高いほど、その言語素材の本質の一部に出会う
ことができます。これを多読に当てはめると、多読はまさに言葉の
受容的な知識に焦点を当てたものだということになります。

　スティーブン・クラッシェンと私はこの点で意見が違います。ス
ティーブは言語学習に必要なのはインプットすることだけだと考え
ています。私が彼の考えを誇張しているとは思いません。一方、私
は、学習に必要なもののうち、インプットは多くても4分の1程度だ
と考えています。*

　ロブが言ったように、GRの語彙は制限されているので、自分にとって本当に役に立つ単語だけに焦点を当てることができます。学習者はその単語を繰り返し、目にふれるようにすることで、学習が助けられるのです。

　残念ながら、graded reading(GRを使用して段階的に行う読書)の反復は、私たちが望むほど強くはありません。段階別になっている読み物を使っても、そうでない読み物を使っても、「Ziphの法則」というものがあります。これは、テキストの長さに関係なく、どんなテキストであっても、そのテキストに出てくる単語の半分は、わずか1回しか使われないというものです。そして、それは平易な言葉で書き直されていないオリジナルのテキストと同様にGRにもあてはまるというものです。

　しかし、GRの素晴らしい点は、そのなかにあるすべての単語が役に立つ単語であり、学ぶ価値があるものだということです。平易な言葉で書き直されていないオリジナルの読み物を読むと、そこに出てくるさまざまな単語の多くが、学習者の現在の知識の段階ではまったく役に立たない単語であることが多いのです。

　語彙学習における「未知語と遭遇する質の問題」を決定づける要因は、読書中にある単語に出会い、その後再びその単語に出会ったとき、その単語が出現する文脈は、ほとんどの場合異なるというこ

とです。このことは、私が行ったGRを使った研究でわかっています。研究方法はとても簡単です。GRを用意して、コンコーダンス（用語索引）プログラムにかけ、対象となる各単語のコンコーダンスを見てみると、同じ単語が異なる文脈で出現していることがわかるし、多くの場合、わずかに異なる形態で出現しています。

このように同じ単語に様々な場面で遭遇していることが、未知語と遭遇する質のレベルを決定づけ、graded readingが確実に語彙学習を成功に導くことになるのです。GRを用いた多読は、新しい単語や文法を覚える「意図的な学習」ではなく偶発的な学習なので、意図的な学習から得られるような強力な成果を得ることはできません。しかし、私たちは多読を通してもっと楽しく、もっと豊かな種類の知識を得ることができるのです。

多読と精読の違い

Rob

ありがとう、ポール。graded reading（GRを使用して段階的に行う読書）とGR（graded readers: 学習者用の段階別読み物）の使用方法は区別しておかなければならないですね。

さて、多読という概念ですが、少なくとも私にとっては、多読と言えば、物語そのものに集中して、速く、流暢に、理解力の高い方法で読むことです。そのためには、学習者がそうできるように体系的にプログラムされたGRを使用するのが一般的です。

しかし、私たちは実際には何でも幅広く読むことができます。例えば、ポールと私は、『ニューヨーク・タイムズ』紙や『タイム』誌を、止まることなく、流暢に、内容を完全に理解しながら読むことができます。しかし、かなり難しい内容のものを読む場合、脳内での処理が多読でやさしいものを読むときとは異なってくることがあります。たとえば多読をしているときには、高度な理解、つまりス

＊「意図的な学習」とは新しい語彙や文法を学習すること

ムーズで流暢な理解に集中しています。しかし、知らない単語に遭遇すると、「この単語は何だろう？」「この文法は何だろう？」と考えて始めて、いわゆる多読をやめてしまいます。

　そのとき、学習者は多読的読書（reading extensively）から言語に焦点を当てた学習、すなわち「言語について学ぶ学習」に移っているのです。それまでスムーズに、高い理解度で多読をしていたのに、突然、脳が言語に焦点を当てた学習モードに切り替わってしまったのです。つまり、物語を読むことから、「この単語は何？」「この文法は何？」と、「この言葉は何？」ということに焦点が移ったわけです。意味がわからない単語を見たら、その単語の意味を辞書を使って調べるかもしれないし、文脈から意味を推測することができるかもしれません。そしていったんその単語の意味を理解したら、また読み続けるのです。つまり、脳が「多読（reading extensively）」モードにジャンプして戻るわけです。しかし、もし、脳が何度も「言語」に焦点を当てた読書に跳んでいけば、それは「多読」ではなく「精読」になってしまうでしょう。

　ですから、学習者が多読をしているときに、「言語」集中モードにジャンプしないような読み物を見つけることはとても重要なことです。できる限り、学習者にあった読み物を読ませ続けるのです。言語の発達とリーディング・スキルの向上、そして楽しみながらできるだけ流暢に読むことに集中させる必要があるのです。

　ジャンプしすぎて読みが止まってしまう、つまり「速読のこぶ（bumps）」と呼ばれるものが発生するのは、車を運転しているとき、道路にある隆起にぶつかるのと同じです。「速読のこぶ」があると、「内容」ではなく「言語」に集中して読む活動になってしまいます。

　ここで理解しておきたい重要なことは、そういう状況になってしまうのは、本そのものの問題ではないということです。なぜなら、

ふたりの学習者がいて同じ本を読んでいたとしても、ふたりがまったく異なる読書体験をする可能性があるからです。ひとりは、速く、すらすらと、高い理解力でその本を読むことができるかもしれませんが、もうひとりにとっては、同じ本を読んでも、知らない単語が多すぎて苦痛になるかもしれません。多読について語るとき、私たちは実際には脳内の処理モード、つまり読書のプロセスについて語っているのです。

「読み方としての多読」と
「教授法としての多読」

Rob

私たちはふたつの異なる観点から多読を考える必要があります。ひとつめは、「読み方としての多読」です。ふたつめは、教師の立場からの「教授法としての多読」です。後者は、読書のプロセスにはあまり焦点を当てず、「どのような教材を手に入れるべきか？ どのような多読ライブラリが必要か？ どのくらいの読書量を学習者に与えるべきか？ 読書の後にどんな活動ができるのか？ 多読の前にはどのような活動をすればいいのか？」などという多読を教える観点から考えます。

さらに、教師の視点からすると、「多読という活動」に焦点を当てた教育学的な定義があります。一方で、「多読によってどのようにして言語を処理するか」という概念的な側面もあります。教師の視点からの「多読という活動」と、「多読による言語処理」というふたつの観点の区別をつけることも重要だと思います。

発信語彙はどのように獲得できるか

Rob

多読によって受容語彙（receptive vocabulary: reading vocabulary & listening vocabulary）を獲得することはできますが、発信語彙（productive vocabulary: speaking vocabulary & writing vocabulary）を身につけていくためにはどうしたらよいのでしょうか？

Paul

先ほど述べた3つの重要なポイントに戻りましょう。ひとつめは「焦点をあてること」でしたね。発信語彙を増やしたいのであれば、アウトプットの練習をしなければなりません。この点で、どこに焦点をあてるのかが大きな違いを生むのです。たくさん読むことによって、受容語彙の知識を強化することができます。確かに強い受容語彙の知識があることは、発信語彙を獲得する助けになるでしょう。しかし、発信しようとするときには、学習者はその言語を用いて積極的に話したり、書いたりしなければなりません。スピーキングやライティングのスキルを向上させるためには、受容語彙の知識に基づいて行われることも重要ですが、学習者は実際に発信語彙を使って話したり書いたりしなければなりません。

つまり、話すのが上手になりたければ、話す練習を、書くのが上手になりたければ、書く練習をしなければならないということです。話す練習をしていないのに、突然、話すのが上手になるような魔法の近道はありません。

だから、私たちはフォーカスを当てて学ぶのです。これは当たり前のことのように思えますが、多くの人が見逃している点です。この点を見逃しているのは、教育においてだけでなく、研究においても同じです。しかし、教師が「学習者が多読をすれば、リーディング・スキルが向上する」と言うことは、教育の現場ではとても重要なことです。

リスニング・スキルについてはどうでしょうか？　学習者が話し言葉を聞かなければ、リスニング・スキルは向上しません。同じことが発信語彙にも当てはまります。単語の意味を思い出すことができることは非常に便利ですが、発信語彙が使えるようになるには単語の形を思い出すことができなければなりません。だからそのためのアクティビティをする必要があります。

多読をすれば他のスキルの練習になったり、学んだりする機会の代わりになるとは思いません。聞く、話す、読む、書くの4つのスキルを通して学ぶには、その4つのバランスが取れていなければならないと思います。

リーディング語彙とリスニング語彙の違い

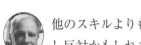

Rob

他のスキルよりもリーディングを優先するという意味では、私は少し反対かもしれません。しかし、ここでポールが言っていることは非常に重要だと思います。リーディングで理解する必要のある語彙と、リスニングで理解する必要のある語彙は、必ずしも同じものではない。話すときのような書き方はしない。研究データを見ると、話すための言語と書くための言語が同じではありません。私たちは話すときと同じようには書かないのです。特にスピーキングでは、アングロサクソン系の語彙を多用し、ライティングでは、ラテン語の語彙やギリシャ語の語彙などを使う傾向があります。

スピーキング力を向上させるためにリーディングしようとすると、本の朗読を聞いているような感じになるでしょう。したがって、話す練習をしたいと思ったら、会話に耳を傾け、文法と語彙がどのように機能するか、それが一緒にどのように発展していくかを知る必要があります。それがスピーキングの練習になるのです。

ポールが言及しなかった、受容語彙と発信語彙の関係について、もうひとつのポイントがあると思います。GRの主な役割のひとつは、前にも言ったように、意図的にこれらの単語と何度も遭遇するようにして、単語との出会いを強化することです。ひとつの単語と、同じ文脈で同じ意味や型で繰り返し遭遇するだけではなく、様々な文脈で遭遇することもあります。また、学習者が何かを言おうとするとき、言葉を発する前にある程度の知識が必要です。ある言葉を

覚えたとしても、それがすぐに話し言葉として使えるようになるわけではありません。

　その理由は、言葉はすぐには使いにくいものだからです。例えば、今日、あなたが新しい英単語を学んだとしても、私が新しい日本語の単語を学んだとしても、すぐには使い始められない可能性が高いでしょう。ひとつの単語に馴染むまでに、5回、10回、15回、20回とその単語に出会っておく必要があります。そうして初めてその言葉を使う準備ができたと言えるのです。私たちには発話のための閾値（production threshold）、つまり、その言葉を使うために必要とされる一定のレベルがあります。様々な文脈でその言葉についての経験を積み、特定の言葉が他の言葉とはどのように少し違う意味を持つのかを深く理解する必要があります。

　例えば、rentとhire、あるいはborrowとlendを区別してみてください。最初にこれらの言葉に出会ったときには、この違いがよくわからないかもしれません。しかし、何度も何度も繰り返しこれらの単語に出会うことで、例えば、この時はrent、この時はhire、この時はborrow、この時はlendを使う、という知識を身につけていくのです。このように、多読は知識の閾値を高めるのに役立ちます。そして、自分が納得できる知識の閾値に達したとき、その言葉を使い始めることになるでしょう。

　多読が非常に強力であることがおわかりになったと思います。多読は、語彙の一般的な知識を増やし、話せるようになるための閾値を超えることを可能にするからです。「聞く」ことも大切ですが、「読む」ことも大切なのです。読むことで語彙の閾値を作りだし確信を持つことができるからです。

　特に日本人学習者の場合は、ご存じのように、間違いたくないので正しく言えるまで話さないことで有名です。多くの日本人の学習

者にとって、発話の閾値は非常に高いのです。ですから、たくさん多読をして、英語の単語や文法に慣れ親しみ、英語で話したり、書いたりできるようにする必要があります。このことが、受容語彙と発信語彙について語るべきもうひとつの側面だと思います。

Paul

確かに。それには賛成だね。そのことについては何の問題もない。ダグラス・バイバー(Douglas Biber)は、話し言葉と書き言葉の違いが最も重要であると考えている。それは主に文法的な特徴のことで、例えば、書き言葉では受動態が多く使われ、話し言葉では能動態が多くなるというようなことですね。彼が調べた話し言葉と書き言葉の違いはかなりたくさんある。話し言葉と書き言葉の区別は最も重要なもので、語彙にも影響します。

Rob

そう。だからこそ、多聴が重要ですね。

Paul

そう。でも、とても興味深いのは、手紙のような、親しい人に手紙を書いたりするような場合、書き言葉が話し言葉に似てくるということ。私は、姪や甥、友だちなどから手紙を受け取るときに、手紙から実際にその人の声が聞こえてくる。なぜなら話すように書いているからです。親しみを込めて会話するように書いているからです。

Rob

もうひとつのポイントは、GR、特に物語の読み物には、たくさんの会話が使われていることですね。特にFoundations Reading Library（FRL）シリーズのようなやさしいレベルの教材には、たくさんの会話があります。私はFRLでは話す力をつけるのを助けるために意図的に会話のシーンを多く書きました。

　物語を書いているときに会話を用いずに、物語をただレポートするのであれば、使う言葉が大きく変わってきます。会話を使うということはとても重要なことなんです。リーディングの世界とスピーキングの世界の架け橋になるものだからです。もし会話が、実際に

話されるように自然に書かれていれば、学習者は実際に単語が会話の中でどのように使われているかのかがわかります。

　GRは約6,000タイトルあります。GRは、言語を学ぶ学習者のために特別に書かれた本です。ネイティブの子どもたちのために書かれた本を持ち込んだわけではありませんね。EFLのシラバスを念頭に置いて書かれています。

Paul

なんと、6,000タイトルもあるですか。私が知っている数字はかなり前のもので3,000タイトルくらいだったと思いますよ。

多読の教授法的な側面について

Rob

Extensive Reading Foundation（国際多読教育学会）には、多読用の本の膨大なリストがあります。多読はとてもシンプルなものだと思います。すらすらと読める本を楽しく読む、それだけです。

　しかし、多読の複雑な側面は、より教授法的な側面にあります。より複雑な側面とは、次のようなことです。

・どのようにして自分の多読ライブラリを作るか
・どの本を選べばいいのか
・どうやって読書を評価するのか
・他のコースとどのように組み合わせればいいのか
・どうやって自分のコースに組み込むのか
・どうやって学習者に多読することを説得すればいいのか
・学習者のやる気を引き出すにはどうしたらよいか
・多読用の図書を購入するための資金を、教育委員会から出してもらえるようにするにはどうすればいいのか。

　紹介されている多くの研究や議論は、多読の教授法に関するもの

で、「学習者にとって適切なレベルはどこかを見つけ出す」「どれくらいの単語を学ぶ」「どのような教材を学習者に与えるべきか」「流暢に読めるようになるためには、どのくらいの割合の単語を知っている必要があるのか」など、学習者にとって適切なレベルを見極める方法のことです。

このように、多読は、一面ではとてもシンプルなのですが、教授法が少し複雑になりすぎてしまうところがあります。しかし、実際にはそんなに複雑に考える必要はありません。多読図書ライブラリを作ることができればいいのです。

だからといって多読を始めたい人を先延ばしにするべきではない。先生がたのために、適切な種類の本を選ぶための参考資料がたくさんあります。もし、ライブラリを作りたいと思っている先生がいたら、常識的に考えて、学習者が理解できそうなものを考えてください。数冊の本を見せて、学習者が理解できたら素晴らしい。そういった本をあと何冊か買いましょう。もしそれが難しければ、そのような本にお金を使う必要はありません。そして、学習者を席に着かせて、少しの間読書をさせて、読む練習をさせます。初期段階では学習者に読み聞かせをすることもあります。学習者が自分のレベルから少しだけ外れたところを読んでいるのであれば、たぶん問題はないでしょう。誰でも簡単に始めることができます。

しかし、大規模な学校で、カリキュラムがあり、学校のカリキュラムや文科省の定めるカリキュラムに従わなければならず、成績も気にしなければならないとなると、多読を導入するのは少し複雑で難しくなってきます。多くの学校で多読が行われていない主な理由のひとつは、カリキュラムに多読を組み込む方法がわからないからだと思います。多読を別のコースにするのか、スピーキングやライティングのコースに組み込むのか？ 自分のコースのどこに組み込めばいいのか？ などといった悩みですね。

多読が先か、語彙を増やすのが先か

Rob 「リーディングを始める前に、ボキャブラリーを増やす必要があるのでは」と考える人は多いと思います。これは私たちがよく抱く疑問のひとつです。語彙を増やしてから多読をしたほうがいいのでしょうか、ポール？　どういう段階で多読を始めるべきなのでしょうか？　多読を始める前に、どのくらいの語彙が必要なのでしょうか？　文法は？　そして、フォニックスの知識はどれくらい必要でしょうか？　どんな素材から多読を始めればいいのでしょうか。

Paul 100語未満のレベルのGRができた現在、100語の単語を意図的に学習することができるはずだという考えには興味がありますね。それは可能であるはずで、せいぜい1日約20分やれば、1週間もたたないうちにできますよ。

Rob 先生が声を出して読んでいるのを聞くのもいいでしょう。あるいはCDで、単語の音と綴りがどのように組み合わされているのかを実際に聞いてみるのもいいでしょう。なぜなら、英語の場合、音と文字の発音は一対一ではなく、綴りによって異なる音があるからです。しかし、他の多くの言語では一対一です。例えば、日本語のかなは一対一、韓国語も一対一です。同じ音の文字は常に同じ音ですが、英語では同じではない。

　では、ポール、1ページにひとつかふたつの単語で本を始めて、1ページに3つか4つの単語、そして5〜6語と上げていくのはどうでしょう？　それとも、まずはボキャブラリーを増やしていくべきなのでしょうか？　始める前にボキャブラリーを増やしたほうがいいのか、それとも簡単な本から始めたほうがいいのか。

Paul 私は先ほど少しふれたように外国語学習に関しては、4つの要素

（four strands）によるアプローチを提唱しています（p.128参照）。しかも、かなり厳格な方法で。その厳格な方法を変える大きな理由はまだ見当たりません。私は、学習者は意図的に語彙を学び、意図的に文法を学ぶべきだと考えています。しかし、同時に多読も行うべきだと思います。必ずしもどちらかを先にやったあとに、それから次にもう一方をやるべきだとは思いません。ただ、バランスのとれたコースの中では、単語を学びながら、同時に多読を行うことが並行して行われると思います。また、100語未満で書かれた本がある場合、それを読むには、100語未満の異なる単語を知っている必要があります。そうすれば、多読を行うための基礎ができあがり、学習のごく初期の段階から多読を始めることができると思います。

Rob

最初の100語に関する問題のひとつは、最も頻度の高い100語の多くが機能語であるということです。冠詞a、the、some、anyなどの単語です。これらの単語が何を意味するかを理解するには、少しばかりの文法知識が必要になるかもしれません。例えば、語順を理解することは重要であり、少しの文法は確かに重要になるでしょう。しかし、あまり時間をかけすぎてはいけません。aとtheの違いを覚えるのに何日もかけてはいけません、なぜならあとでも習得できるスキルだからです。単純に「ひとつだ」と言えばいい。それだけで十分です。

　aとtheや多くの機能語を実際に教えるのは、初期レベルでも少し後に、何度も何度もそれらの言葉に触れた後、それらのことばを使って話し始める必要があるときでいいんです。

　ですから、早い段階で少し注意を払う必要がありますが、頻度の高い前置詞などにはあまり時間をかけないようにしましょう。子どもたちはまだその準備ができていないのです。まずは理解することに集中させてあげてください、と提案します。

Paul

英語における機能語は実際には文法上の区別に基づいています。つまり、機能語とは、名詞、動詞、形容詞、副詞ではない単語のことですね。そして、機能語と呼ばれるものを見てみると、実は、そのほとんどに内容語のような意味がある。前置詞にも、接続詞にも意味がある。中にはどのような意味か非常にわかりにくい単語もありますが、数は少ない。多くの機能語は、内容語と同じように学習することができます。それは、内容語のような意味をかなり多く含んでいるということです。

Rob

そうですね、私もそう思います。例えば、「in」という言葉は、何かの中に入っている、例えばコップの中に何かが入っている、というように話すことができますよね。それと同じように、in a monthとも言えます。ここでの違いは、カップには物理的な側面があるということです。つまり、inはその側面に囲まれた中にあるということです。しかし、月（month）にもある意味、物理的ではありませんが、側面（境界線）があります。つまり月の初めと終わりという境界線があるので、inの概念があります。そのようにしてinの意味を拡張することができるのです。そして、inはふたつの時間、場所、位置の間という意味であることを、そのような方法で教えることができます。

カタカナ語を活用すれば語彙が増やせる

Rob

特に、多くの学習者が多読を始める中学校で語彙を増やす方法については、次のように考えています。小学校ですでに英語に触れ、たくさんの単語に出会い、少しは文を書いたことがある中学習者は、当然100語、200語くらいの単語を知っていて、ゆっくりと簡単に何かを読むことができると思います。

　ここで欠けているのは、カタカナ語です。日本語には、英語から借用されたカタカナ語がたくさんあります。英語に触れたことのない

平均的な日本人の学習者であっても、例えば「アップル」がapple、「テーブル」がtable、「コップ」がcupであることを知っています。このように、日本語にも英語にも存在する、非常に頻度の高いカタカナ語を使って英語の単語を教えることができれば、すぐに語彙が増えます。日本人ならば誰でも知っているような非常に便利で頻度の高い単語を体系的に学べれば、ほとんど瞬時に、数百の単語が使えるようになります。しかし、もちろん、そのカタカナ語がどのように英語で綴られているのか、発音されているのかを教えなければなりません。cupは「コップ」と同じではありません。「テーブル」はtableと同じではありません。でも、カタカナ語になっている英語の単語の発音を教えて、英語の音声を聞かせたり、物語の中で見せたりするだけで、すぐに語彙を増やすことができるでしょう。カタカナ語を上手に活用することはとても重要なことだと思います。

多聴の重要性

Paul

多聴もとても重要です。リーディングに関するほとんどの理論では、リーディングには話し言葉や口述の要素があると考えられているからです。また、何らかの方法で、ネイティブスピーカーが読むときには、読んでいる内容が脳内で口述表現（oral representation）されると考えられています。この口述表現は非常に短いものになります。リーディングが優れている人は、聞く速度よりもずっと速く読むからです。そのような人たちは1分間に250語から300語程度のスピードで読むことができますが、通常のリスニングであれば、音声は1分間に300語ではなく、150語から200語程度です。しかし、リーディングの理論家は、たいていリーディングにはオーラルの要素があると考えています。それは驚くことではありません。なぜなら、幼少時からの母語習得の場合、耳からの言語は自然に入ってきますが、読み方は学習しなければ読めるようにはならないからです。母語話者として、リーディングを勉強しなければなりません。

Rob

私たちも発話しています。私たちは、読んだものを頭の中で聞くことがよくあります。読みながら、心の中で声に出しているのです。

Paul

そう考えると、リスニングとリーディングの両方を充実させる必要がありますね。また、このふたつの間に強い関連性があれば、読んでいる教材が、聞くことのできる音声フォーマットでも登場する可能性があるということです。最近の多くのGRの優れた点は、書かれたものだけでなく、音声版も用意されていることです。

だからこそ、聞くことによる学習、話すことによる学習、読むことによる学習、書くことによる学習をバランスよくすることが大切です。そのためには、意図的な学習（deliberate learning）も含めれば、学ぶスピードが速まります。ですから、コースの約4分の1の時間は、その言語の意図的な学習に費やすべきです。ですから、私は文法訳読（grammar translation）のようなものにも賛成です。文法訳読は、学習者が理解しやすい形でテキストの意味を伝えるよい方法で、私は気に入っています。しかし、それは語学を学ぶコースのごく一部にしておくべきです。それがコース全体になってしまうと、何かがおかしくなってしまいます。

Rob

それはよく混同されることがありますね。

先生や学習者が多読や多聴について聞いたとき、どんなことが記憶に残るでしょうか。たくさん聞いて、たくさん読んで、楽しんで、と。学習者は、「ああ、いいね。YouTubeを見るのが好きだから、YouTubeの動画をたくさん見てみようかな。あるいは、マンガが好きだからマンガを読もう」などと考えます。そこにはひとつ抜け落ちていることがある。

YouTubeの動画を見るのはもちろん、自分の好きなウェブペー

ジや好きなものを読むのもいいのですが、それがあまりにも難しく、わからない単語や文法が多い場合、いわゆる多読や多聴とは言えません。勉強のための読書、勉強のための聞き取りといった感じです。そこには別の要素があることを確認しておかなければなりません。多読・多聴のためには、自分が楽しめるものであること、そして自分のレベルに合わせて素早く読んだり処理したりできるものであることが必要です。

　いつの日か、YouTubeやGoogleのような素晴らしいリソースを持つ企業が、YouTubeの動画にちょっとしたリーディングスコアやリスニングスコアを付けられるようになるといいですね。コンピュータでテキストを聞き、テキストを分析して、これは中級や初級レベルの学習者に適していると言えるようになると便利でしょうね。

Paul

そういう技術はすでにあると思いますよ。

　最後に多読の定義を振り返ってみましょう。多読とは、「学習者一人ひとりが、自分に合ったレベルの読み物をたくさん自主的に黙読すること」です。この定義には多くのことを含みます。extensiveの部分は「たくさんの読み物」を意味します。つまり、学習者はたくさんの本を読む必要があります。しかし、それは学習者にとって適切なレベルのものでなければなりません。学習者の読むスピードや習熟度はそれぞれ異なるので、その人にとって最も適したスピードで読めばいいのです。ですから、

（1）自立して読む

（2）黙読する

（3）たくさんの本を読む

（4）適切なレベルのものを読む

といったことは、多読にとって本当に重要だと思います。

多読・多聴と音読・シャドーイングのよい関係

どのようなプロセスで多読によるインプットはアウトプットにいたるのだろうか。インプットからアウトプットにいたる成功するプロセスを理論的に考える。

門田修平（関西学院大学教授）

1 はじめに：英語習得を成功に導く IPOM

英語など外国語習得を成功にみちびくポイントとして、筆者は、IPOM（アイポム）を提唱しています[1]。すなわち、「インプット処理（I：input processing）」、「プラクティス（P：practice）」、「アウトプット産出（O：output production）」、「メタ認知的モニタリング（M：metacognitive monitoring）」の４つのポイント（４本柱）のことです。

図で示すと、次の４つになります。

インプット処理　　　　プラクティス

IPOM?

I　P

M　O

モニタリング　図１：英語習得を成功に導く４つのポイント IPOM[2]　アウトプット

---

[1]門田（2018, 2020）およびKadota（2019）より
[2]門田（2018: 32）より

> ❶ リスニングなど学習ターゲットである英語のインプット理解（I）が習得の必須条件。
>
> ❷ 繰り返し処理・運用するプラクティス（P）を積み重ねる。
>
> ❸ 音声言語の発話（スピーキング）によるアウトプット産出（O）を行う。
>
> ❹ インプットからアウトプットまでのそれぞれにおいて、自身の言語学習活動をみずから観察し、必要に応じて修正したり調整したりするメタ認知的モニタリング（振り返り）（M）を行う。

　以上の４つのひとつであるプラクティスが、インプット処理とアウトプット産出をつなぐトレーニングとして極めて重要な位置を占めていると言えます。とりわけ、母語である日本語とはかけ離れた、言語間距離（linguistic distance）が大きい英語[3]を学習する日本人学習者には、このプラクティスが相当量必要であると言えます[4]。

　本稿では、多読・多聴およびシャドーイング・音読が、このインプットとアウトプットをつなぐ「プラクティス」として、どのような効果があるか、みなさんと一緒に考えてみたいと思います。

2 多読・多聴：インプット駆動型プラクティス

　主として、Graded Reader（GR）や Leveled Readers（LR）を活用した多読について、日本多読学会は次のように規定しています[5]。

①辞書をできるだけ引かずに、
②もとの英文を日本語に訳すことなく、
③理解度 100% にこだわらず、理解度 80-90% で、
④大量に、長時間にわたって、英語の本を読む。

　多読による英語学習の方法は、大量のインプット処理（リスニング、リーディング）にもとづいて進む母語獲得の方法を、できるだけそのまま外国語としての英語学習において具体化しようとした

[3]https://www.state.gov/m/fsi/sls/c78549.htmをもとに作成した門田（2015: 330）を参照。
[4]門田（2020: 116-121）を参照。
[5]日本多読学会、古川（2020: 1）より　本書p.88～参照

方法だと言えるでしょう。言い換えると、多読による第二言語学習は、母語獲得と同様の潜在学習プロセスを、そのまま持ち込んだものであると考えられます。多読による言語学習は、それを通じて、特定の単語や構文に幾度も出会い、それらを何度も繰り返し処理するチャンスを学習者に与えてくれる方法です。大量のインプット処理（input processing）を保証することで、さまざまな異なる文脈の中で、同じ単語や、単語と単語の連なり（連鎖：sequence）を、繰り返し理解する「反復プライミング（repetition priming）」の機会を数多く与えることになります。言い換えると、「意味内容とそれを表す言語形式（単語や単語連鎖）」のマッピング（mapping）というすりあわせの機会を、GRやLRのインプット理解において数多く経験することがその効果の源泉になっています。同様の学習のしくみは、多聴にも当てはまります。

　ここでプライミング（priming）とは、一度、語（語句）を処理すると、後で同様の語（語句）が出てきたときに、その処理が促進されるという学習のしくみを指しています。例えば、同一の単語が2度3度と繰り返し提示されたり、意味的に関連した単語を複数回反復処理する（'hospital' という語が繰り返し提示されたり、'doctor'、'nurse' の後に 'hospital' が出てきたりする）と、それらの語（語句）の意味理解が素早く、以前より簡単にできるようになり、結果的にその語（語句）の記憶が促進されるという働きがあります。このことは、これまで認知心理学の学習実験などで明らかにされてきた成果ですが、同時に、私たちが普段日常的に経験して誰もが知っている記憶・学習の基本原則であると言えます[6]。
　このような大量の言語インプットの処理の中で何度も繰り返される反復プライミングこそが、多読・多聴ベースの「インプット駆動型プラクティス（input-driven practice）」です。

---

[6]詳しくは、門田（2018: 91; 2015: 129）などを参照。

3 音読・シャドーイング： アウトプット駆動型プラクティス

　「インプット駆動型プラクティス」に対し、文字言語や音声言語のインプットをもとにして、意味内容を理解しながら発音（発声）し、さらに自身の音声を聞いて確認する多重処理タスクが、音読・シャドーイングです。

　まず、音読は次の図2が示すように、4つのプロセスの多重処理をほぼ同時並行で実行するものです。

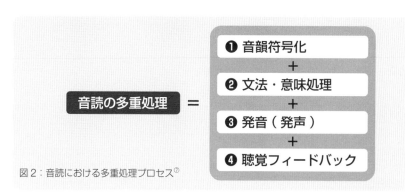

図2：音読における多重処理プロセス[⑦]

❶ **音韻符号化**：眼から取り込んだ文字インプットをまず音声変換して、その変換した音声を頭の中で表示する「音韻表象」を形成する。

❷ **文法・意味処理**：①で得た音韻表象をもとに、様々な言語知識を活用して、文の文法構造をとらえ、文の意味内容を理解する。

❸ **発音（発声）**：上記①②の後は即座に、声に出して音声化する。これが音読の中心的タスクである。

❹ **聴覚フィードバック**：音読音声は読み手自身が聞いてその成否をチェックする「聴覚フィードバック」が行われる。これは、本稿末でお話しする、「（メタ認知的）モニタリング」に相当する。

同様に、シャドーイングについても、図3のような多重処理プロセスを実行する必要があります。

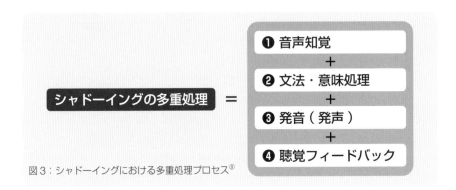

図3：シャドーイングにおける多重処理プロセス[9]

❶音声知覚：耳から聞こえてきた音声インプットを、頭の中の言語処理システムに取り込んで、どんな音声が聞こえてきたか認識して「音韻表象」を形成する[10]。

❷❸❹上記❶の音韻表象形成以降は、音読と同様のプロセスを経る。

　音読・シャドーイングは、以上のように、文の文法・意味処理を実施しながら、アウトプット音声を発話しますので、言語産出（スピーキング）の3つの主要プロセス[11]である、(1) メッセージ形成、(2) 言語化、(3) 調音のうち、(2)(3) をシミュレーションするような活動です。

　多読・多聴がインプット処理の繰り返し（反復プライミング）であるのに対し、音読・シャドーイングは、スピーキングの一部のプロセスを実行する「アウトプット駆動型プラクティス（output-driven practice）」です[12]。これも文法・意味処理をしながら実行することで、スピーキングを志向した形式と意味のマッピングを繰り返す、反復プライミングを実現するものです。図4は、インプット処理を繰り返しつつ反復プライミングを行うインプット駆動型プラクティスと、アウトプット産出を一部シミュレーションしつつ反復

⑪門田（2018: 86-92）
⑫Kadota（2019: 167-170）

プライミングを行うアウトプット駆動型プラクティスの関連性をイメージ化したものです。

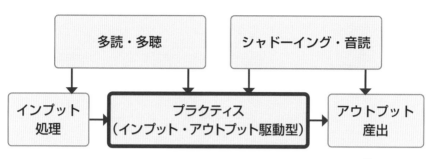

図4：インプット駆動型プラクティスとアウトプット駆動型プラクティス[13]

4 英語の発信能力・コミュニケーション能力の獲得に導くプラクティス時のメタ認知モニタリング

　これまでお話ししたようなインプット駆動型とアウトプット駆動型のプラクティスを繰り返し実行することで、みなさんの英語による発信能力、コミュニケーション能力の獲得につながっていくと考えられます。しかし、この際ひとつ大事な留意すべきポイントがあります。それがIPOMのM、すなわちメタ認知的モニタリングです。漫然とプラクティスを繰り返すだけではなく、その際に学習者みずから、自身のプラクティス中にその実行状況をモニタリングし、必要に応じて調整・修正するメタ認知活動を行う、これが極めて重要です。

[13]Kadota（2019: 168）を改訂

ここでは、インプット駆動型プラクティス（多読・多聴）におけるメタ認知的モニタリングについて考えてみましょう。

　次の図5は、母語話者による「流暢な読み（fluent reading）」のしくみをイメージ化したものです[14]。

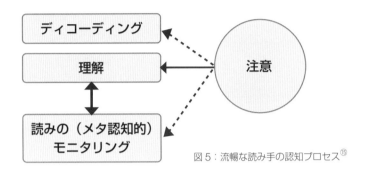

図5：流暢な読み手の認知プロセス[15]

　実線で示されているように、読み手の注意は主として内容の「理解」に向けられています。しかしそれと同時に、2本の点線が示しているように、文字言語の音韻符号化を行う「ディコーディング」と、「読みの（メタ認知的）モニタリング」も、無視することなく必要に応じて注意を向け、一定の注意資源を割り振りつつ、読み進めていることが分かります。以上の3つのプロセスを同時並行的に実行している、これが新たな情報を得ようとする流暢な読みの中身なのです。

　母語における以上のような読みは、同様のしくみを第二言語の読みや聞き取りにおいて実現しようとする多読・多聴において、目標とするプロセスでもあります。ディコーディングやメタ認知モニタリングにも一定の注意を払いつつ、内容理解に集中することで、新たな語彙や慣用表現などの知識獲得に繋がるインプット駆動型プラクティスを実現できるのです。

　また、音読・シャドーイングというアウトプット駆動型プラクティスでも、英文の意味処理を行いつつ、スピーキングの一部プロセスを実行することで、発信能力の向上につながるプラクティスになります。

---

[14]Samuels（2006）
[15]Samuels（2006: 38）より

5 おわりに

　以上解説しましたように、多読・多聴は、言語理解を通じて形式・意味のマッピングを行うインプット駆動型プラクティスであり、他方、音読・シャドーイングは、スピーキングに繋がる形式・意味のマッピングを行うアウトプット駆動型プラクティスです。それぞれ実際の文脈をもったテキスト（extended text）を対象に繰り返し実行することで、反復プライミングとしての効果があります。

　日本人学習者（大学生以上および高校生）の英語の慣用表現の習得に対する、黙読および音読学習の効果について比較した最新の成果があります 。学習セッション中に慣用表現に着目してそれを焦点化して抽出し、そのインテイク（内在化）をはかるには、どちらかと言うと黙読によるトレーニングが効果的であり、またそのインテイクした慣用表現を、知識として定着させ自動化するには、音読のほうが効果的であるということを示唆する実験データです。この結果をもとに、対象を特に慣用表現に限定せず、多読・多聴および音読・シャドーイングのトレーニングが、文法・構文などの言語形式の獲得にどのような効果が予測できるかについて示したのが次の図6です。

図6：2種類のプラクティスが文法・構文の習得におよぼす効果：まとめ

インプット駆動型の多読・多聴では、その処理プロセスの最初の段階で形成した音韻表象をもとに、音韻的ワーキングメモリ内でリハーサル（内語反復）による学習が行われます。これは、文法・構文など新たな言語形式への注目（気づき）、抽出、そしてインテイクに効果的です。これに対し、アウトプット駆動型の音読・シャドーイングは、それぞれが上述したような4つのプロセスの同時的な多重処理による学習で、各々のプロセスができるだけ自動化していることが前提になってきます。すなわち、「同時処理の前提は自動的処理」です。特に文法・意味処理プロセスの自動化が、インテイク済の言語形式を定着させ、インタラクティブ・コミュニケーションにおける同時的運用に必要な自動的処理を達成するのに効果的であると考えられます。

　インプット駆動型およびアウトプット駆動型プラクティスにおける、形式と意味のマッピングの反復トレーニングは、実際の言語事例を理解・産出する中で徐々にことばの表象を強固にしていくという、マイケル・トマセロによる「用法基盤モデル」にもとづく第二言語習得であり、そのモデルにおいて提唱されている「構造化された構文目録（a structured inventory of linguistic cconsructions）」の獲得に近づくための効果的トレーニング方法であると考えられます。つまり、正しく文を理解し生み出すための文法ルールではなく、よく使うものからあまり使わない低頻度のものまで、さまざまな構文を組織的に記憶中に格納し、それらを文理解や文産出の際に検索して活用しているのだと考えているのです。このような同時処理を可能にする自動化した慣用表現を含む構文知識の活用が、インタラクティブ・コミュニケーションに対応できる発信力であると言えるでしょう。

【引用文献】

門田修平（2015）『シャドーイング・音読と英語コミュニケーションの科学』コスモピア

門田修平（2018）『外国語を話せるようになるしくみ：シャドーイングが言語習得を促進するメカニズム』SB クリエイティブ（サイエンス・アイ新書）

Kadota, S.（2019）*Shadowing as a practice in second language acquisition: Connecting inputs and outputs.* Routledge.

門田修平（2020）『音読で外国語が話せるようになる科学：科学的に正しい音読トレーニングの理論と実践』SB クリエイティブ（サイエンス・アイ新書）

門田修平・高瀬敦子・川崎眞理子（2021）『英語リーディングの認知科学：文字学習と多読の効果をさぐる』くろしお出版

日本多読学会（2020）『日本多読学会による英語多読指導ガイド』 日本多読学会

Samuels, S. J.（2006）Toward a model of reading fluency. S.J. Samuels & A.E. Farstrup（Eds.）

What research has to say about fluency instruction, pp.24-46. Newark, DE: International Reading Association.

多読多聴と コミュニケーション活動

学習法としての多読多聴から、 実践行為の中の多読多聴へ

200ページ前後の教科書で圧倒的に不足するのはインプットの量だ。インプットの質を決めるMAPの原理だ。探究学習に必要な土台はそこから作られる。

田中茂範
（慶應義塾大学名誉
教授、PEN言語教
育サービス代表）

はじめに

　高等学校では、2022年度4月から新しい指導要領に沿った形での英語の授業が始まります。教科書について言えば、これまで「コミュニケーション英語」「英語表現」「英会話」の3種類あったものが、**「英語コミュニケーション」「論理表現」**の2種類になります。

　「コミュニケーション英語」では、「コミュニケーションをするために英語を学ぶ（learning English for communication）」というスタンスがありましたが、新しい「英語コミュニケーション」では、**「コミュニケーション活動を通して英語を学ぶ（learning English through communication）」**という点が強調されるようになり、大きな変換が起っています。文法も単語も活動の中で学ぶということです。

　そして、「論理表現」は、**まとまった内容のことを、筋道を立てて表現する**ことに力点を置く教科書になります。こうした教科書の変化は、指導法の変化も当然に引き起こします。ひとことで言うと、**内容を重視したタスクを学習の単位**とする指導が求められるということです。

この指導要領における変化は、英語はできて当たり前という状況が現実化してきた現在、生徒が真に使える英語力を身につけることは、自らの生涯を切り拓く上で必要であるという強い意識の現れだといえます。こうした英語教育事情が変わりつつある状況において、「多読多聴」が持つ方法論的意味を改めて考察すること、これが本稿の目的となります。

多読多聴とは何か

　多読多聴とは、文字通り、たくさんの英文を読み、たくさんの英文を聞くということにほかなりません（なお、本稿では、多読に力点を置いた議論をするため「多聴多読」ではなく「多読多聴」という言い方をします）。多読多聴は、英語力を高めるための学習法として、国内外で広く実践されています。英語では「多読」をextensive reading、「多聴」をextensive listeningと言うのが一般的です。

　方法としては、多少わからない語句があっても、予測力をきかせながら、辞書をいちいち調べることなく、内容を理解していくという、勢いのある読み方、聞き方をするというものです。また、いちいち日本語に訳さないということもその特徴でしょう。

曖昧性に対する寛大さ

　しかし、その場合、ある程度の曖昧性が立ちはだかってきます。多読では内容把握は、80%から90%の理解でよしとして、読み進めるため、どうしても曖昧性に対する寛大さ（tolerance of ambiguity）が求められることになります。

　幼児であれば、曖昧な状態を当たり前に受け止めます。成長するにしたがい、曖昧な状態に耐えられず、正確にそして明確に理解しないと気がすまないという人も出てきます。しかし、ちょっと立ち止まって考えてみるとわかることですが、たとえ日本語でも何かを

読む際に、曖昧性はつきものです。専門書を読むときはもちろんですが、小説を読むときでも、すべてがクリアカットに理解できるという具合にはいきません。曖昧性は、多読多聴の実践の邪魔になるものではなく、むしろ自然なことなのです。

英語力を身につけるための条件

　さて、多読多聴は英語力を育てるのに有用な活動だと言われます。しかし、多読多聴をがむしゃらにやれば、英語力の向上に貢献するかといえば、そうではありません。では、どういう条件のもとで、多読多聴は英語力を高める学習法になるのでしょうか。

　たくさんの良質のインプットは英語力を身につけるために不可欠な条件のひとつです。英語力を身につけるための条件はインプットだけではありません。結論を言えば、以下の3つの条件が整ったとき、英語力を身につけることができるのです。

① language exposure の質と量
② language use の質と量
③ urgent need の存在

　language exposure（英語にふれること）の質と量はインプットの条件、language use（英語を使うこと）の質と量はアウトプットの条件、そして urgent need（英語を使う必要性）の存在はニーズの条件であり、この3つの条件が整った環境であれば、だれでも英語力を身につけることができるはずです。

　インプットとアウトプットの量については、直観的に理解することができるでしょう。しかし、ただ量が多いだけでは十分な条件にはなりません。意味のわからない内容の英語のシャワーをどんなに浴びても、英語力の向上に資することにはなりません。問題は質です。ひとことで言えば「良質のインプット」と「良質のアウトプット」ということになりますが、「良質」の意味を問わなければなりません。

「良質」であることを決める条件

　インプットとアウトプットの質を決めるのは、筆者が「MAPの原理」と呼んでいるものです。このMAPは**meaningful**、**authentic**、**personal**の頭文字を合わせたコトバです。すなわち、インプットとアウトプットが、学習者にとって、meaningfulで、authenticで、personalなものであるとき、良質のインプットと良質のアウトプットになるということです。

　meaningfulとは学習者にとって**「理解可能」**というのが第一義的な意味です。意味を理解できない内容の英語はインプットとして不適切ということです。理解可能という意味に加え、**meaningful**には**「おもしろい」**とか**「有益な」**という第二義的な意味合いも含まれます。つまり、質を決めるmeaningfulとは、理解ができるという意味におけるmeaningfulと、役に立つという意味におけるmeaningfulが合わさったものであると理解しておくとよいでしょう。

　そして、**authentic**は**「本物の」「自然な」**ということですが、対極には、artificialがあります。artificialとは「人工的」ということで、人為的に加工されたもので、自然でない、とか嘘っぽいという意味合いにすらなります。authenticな活動であれば、主体的にコミットするでしょう。しかし、注意が必要です。authentic Englishという言い方がありますが、ここで大切なのは、英語そのものがauthenticであるというより、**生徒にとってauthenticである**ということです。そのためには、meaningfulであることがまず求められます。いくらauthenticな英語でも、理解ができないものは「本物のよさ」は感じ取ることができないからです。

　そして、もうひとつ、何より大切なのは、**personal**であるということです。つまり、**自分に引き寄せて、自分事として取り組むことができる英語**ということです。自分に関係ないことよりは、自分

が夢中になれることのほうに、学習効果という観点からみた場合、軍配が上がるということは言うまでもありません。

多読多聴と３つの条件

　学校の英語教育でインプットの条件（質と量）を満たすことは容易ではありません。教科書は 200 ページ程度で、それを１年かけて勉強してもインプットの条件からすれば量的には圧倒的に不足しています。そこで、多読多聴という学習法が脚光を浴びるようになるのです。

　ここで確認しておきます。多読多聴といってもそれがインプットの条件を満たすかどうかは、前述の MAP に照らし合わせて判断する必要があります。いくらたくさんのものを辞書なしで読むといっても meaningful（理解可能）でなければ、多読そのものが意味を成しません。多聴においてもしかりです。そこで多読では、Oxford Bookworms や Pearson English Readers や Cambridge English Readers のシリーズのように難易度を調整した Graded Readers（a graded reader series）が よ く 推 奨 さ れ ま す。Graded Readers は、学習者にとって理解可能なものにするため、語彙や構文を調整して難易度を「等級化」した読み物です。これによって理解可能性を高めるという意味における meaningful の条件を満たすことができるのです。

　しかし、Graded Readers にはそれ以外にも大事なことがあります。難易度の調整が行われているにもかかわらず、内容的には「本物であること」が守られているということです。過度に内容を損ねてまで難易度を調整することはしない、ということです。物語として自然に読むことができれば、たとえ詳細な部分が省かれ、単純化されたものであっても、学習者にとっては authentic な読み物と言えます。meaningful の条件を満たしつつ、authentic の条件を満たしている英文を多読する（あるいは多聴する）ということは、良質のインプットに繋がります。

　そして、もうひとつの personal の条件を満たすかどうか、これは学習者にとっての興味関心に拠ります。自分の関心のある話題であれば、personal なこととしてとらえることができるでしょう。このように学習者が meaningful で、authentic で、personal なものとして捉えることのできる英文をたくさん読んだり、聞いたりすることで、良質のインプットになるのです。

アウトプットの条件

　多読多聴は、インプットの側面に関心が置かれる学習法であると理解されています。しかし、多読多聴をコミュニケーション活動の中で位置づけるには、アウトプットに注目する必要があります。インプットとアウトプットがつながったとき、多読多聴はもはや学習法ではなく、実践としての多読多聴になるのです。

　両者をどうつなげればよいでしょうか？　この問題についての糸口は、「**読むこと（reading）**」と「**反応すること（reacting）**」は**連続体にある**という事実にあります。人は、何かを読みながら、心の中で何らかの応答をしているはずです。これは、何かを聞く際にも当てはまることです。「おもしろい！」とか「それで？」とか「なるほど！」とか「うそ！」などの心のつぶやきは、応答の一種です。このことを拡大して考えれば、インプットとアウトプットは活動として繋がってきます。多読の場合には、**Read & React**、多聴の場合は **Listen & React** ということです。

リアクションの種類

　何かを読むと何らかのリアクションをします。**リアクションの種類としては、reporting、summarizing、commenting の 3 つ**があります。

　reporting は、読んだ内容を報道のリポーターのように、事

実のまま、**語られた内容をそのまま報告する**行為です。この際、**5W1H** が導きの糸になります。fact と opinion の関係でいえば、reporting は fact statement に当たります。

　一方、**commenting は読んだ内容に関する鑑賞、論評**です。これはいわゆる opinion statement にあたります。**自分の意見を感じた通りに述べる**のが commenting だからです。

　そして、**summarizing は要約**であり、**物語の場合はあらすじを述べる**ということです。どう要約するかは、その人次第でしょう。かといって、読んだ内容を完全に無視してしまえば、要約になりません。どこを強調して要約するかはその人によりますが、**読んだ内容を反映しているのが summarizing** という行為です。それは、読んだ内容を反映するという意味における fact statement と、どこを強調して要約するかには個人差があるという意味における opinion statement の両面を含んでいると言えるでしょう。これは Listen & React についても同様です。

　reaction のしかたは、口頭で行う場合と、文章で行う場合があります。そこで、読む行為、聞く行為も、話す行為、書く行為と連動することになります。この考え方を多読多聴に当てはめるとどうなるでしょうか。

多読多聴とコミュニケーション活動

　多読あるいは多聴といっても、たくさんの種類の英文を闇雲に読んだり、聴いたりすればよいというものではありません。それでは、meaningful で、authentic で、そして personal な多読活動や多聴活動にはなりません。良質の多読多聴には目的がなければなりません。100 万語の英文を読破しようという目標も、たしかに目標には違いありません。しかし、量だけ読んだだけで、意味あるコミュニケーション活動になるでしょうか。答はおそらく否です。

Read & React とか Listen & React という言い方を前述しました。これにより、インプットとアウトプットを結合することが可能になります。しかも、読んだり、聞いたりした内容を反映する形でアウトプットをするのですから、meaningful なアウトプットになるはずです。自分なりのアウトプットであるということを考えると、それは authentic でもあり、personal でもあります。

しかし、多読多聴にはもっと大きなアウトプットの可能性があります。前述した Read & React はひとつの作品を読み、それにリアクション行動を行うということです。多読あるいは多聴の場合は、ひとつの作品ではなく、たくさんの作品を読んだり、聞いたりすることも含まれます。

課題探究と多読多聴

ここで、課題探究というタスクを考えてみましょう。そこには、なんらかの課題 (テーマ) があります。気候変動がその課題だとしましょう。気候変動（climate change）だけでは、途方もなくテーマが大きく、漠然としています。そこで、気候変動に迫る観点を決める必要があるでしょう。「気候変動と海水温度の関係」に注目すれば、テーマが絞り込まれます。そして、「気候変動と海水温度と魚の生態の関係」になるとさらに絞り込みが行われます。

「気候変動が海水温度に影響を与え、その結果として、魚の生態に変化が起る」という問題意識がこの課題の背後にあります。この段階で、英文を読むとしましょう。新聞記事、報告書、論文、著書など相当量の英文を読むことになるでしょう。まさに、多読です。

その場合、どういう立場があるのか、どういう関係がみられるか、魚の生態という場合、それは何を意味するのか、等々、さまざまな疑問がわいてくるでしょう。

読み進めていけば、論点のようなものが見えてくるでしょう。論

点はキーワードとつながっています。すると、多読や多聴の方法が情報収集においては有用ということになります。具体的に言うと、上記の「気候変動と海水温度と魚の生態変化」というテーマに関する記事を 30 本から 50 本読めば、論点整理をすることができるはずです。論点整理の過程で、異なった立場、異なった説明、異なった予測などが見えてくるでしょう。

　ここでは、多読や多聴が、**情報収集のための実践行為**になっているのです。あるトピックに関連する英文を多読することで、「何であるか」を明らかにすることができ、そこから「何ができるか」を考える道筋が見えてきます。

実践としての多読から得られる技法

　多読と scanning や skimming とは同じではありませんが、あるトピックに関連した英文をたくさん読んでいると、scanning や skimming が可能となってきます。**多読が scanning と skimming を可能にする**ということです。いずれも、「ざっと読むことでポイントを押さえる」力ですが、多読により知識が増えるとそれだけ、予測力や推測力が高まるだけでなく、英文を全部読まなくても必要な情報を探し当てることができるようになります。

　skim は「水面などから掬い取る」という意味であり、ざっと読んで文章の全体像を掴む読み方です。一方、scan は CT スキャンという言葉が医療で使われるように、必要な情報をスポット的に見つける読み方です。同じトピックの英文を多読することで、ざっと目を通すだけで全体を捉えたり、必要な情報をスキャンしたりすることができるようになるのです。

　このふたつの読み方は、読解テストだけでなく、研究活動においても必須のスキルになります。膨大な量の英文を精読するのは時間がいくらあっても足りません。というより、ひとつひとつの英文を

精読していては、読みながらアイデアを脳内で精査し、組み立てるといった作業はできません。アイデアの精査や再編成のためには、スピード感が必要なのです。ざっと全体像を掴む skimming と必要な情報を探す scanning の両方の技術が必要ということです。

skimming と scanning は話題を定め、それに関連した英文を多読することで身につく技法です。同じ話題の英文を大量に読むことで、知識のスクリプト、あるいは知識のスキーマのようなものができ、その話題について何が語られているかについての予測力があがるため、精読しなくても全体像を掴んだり、必要な情報をさっと見つけ出したりすることができるようになるということです。そして、このようにして獲得した **skimming と scanning の技法は情報処理能力を高め、多読多聴に拍車を掛けます。**

ここでの論点をまとめると、次のようになります。

テーマの設定

関連文献の多読多聴

予測力を高めるスクリプト知識の獲得

スキミングとスキャニングの技術の獲得

このように、実践活動としての多読多聴はある話題のスクリプト知識の獲得に貢献するだけでなく、スクリプト知識によってトップダウン的な予測力がつくため、スキミングやスキャニング技能の獲得にもつながるという大きなメリットがあります。

しかし、いきなり多読多聴の実践とはいきません。そこで鍵となるのが、学習方法としての多読多聴であるということは付け加えておきたいと思います。

大学生で始めた多読。読むコツをつかんだら英語の力がぐんぐん伸びた！

橋田莉那（株式会社 JAL スカイ勤務）

　現在、株式会社 JAL スカイで勤務している橋田莉那さんが英語の多読にはじめて出会ったのは、実践女子大学の 1 年生のとき。宮下いづみ先生が指導するひとコマ 90 分の半期の授業だった。

　中学生のときから、将来航空会社で仕事をしたいという夢を持っていた橋田さん、中高を通して英語は嫌いではなかったが、習熟度別クラスでは下のほうで、大学の初めに受けた TOEIC では 300 点台と決して得意なほうではなかった。大学入学後、最初に受けた多読のクラスで初めて Oxford Reading Tree シリーズを見せられたときには、「犬が吠えているだけじゃない。これでホントに英語の力がつくの？　使えるようになるの？」と不思議に思ったそう。しかし先生の指示に従って、ゆっくりと絵を楽しみながら読んでいくうちに、「1 個の単語でも出てくる状況や文脈によって使い方が違いますよね。絵本を数多く読んでいくうちにそういう感覚、推測しながら読んでいく力を得られたので、勉強というよりも本を読みながら楽しく学べたと思います」。

　半期の授業で、Oxford Reading Tree シリーズをはじめとして、ラダーシリーズのレベル別の書籍など、10 万語ほど読んだ。前期の授業が終わったあとも多読を続けて、1 年後には約 80 万語を読んだという。その後も先生からアドバイスを受けたりして、次第に読むペースもあがり卒業までに読んだ語数は数百万語になり、ハリー・ポッターなどが読めるようになっていた。本は大学の図書館で借りて読んだり、自分で購入もしていた。

　明確に多読の力を感じたのは、英語のレベルによって分かれるクラスが、2 年生のときにガラッと変わって、上のクラスになったとき。そして入学当初 300 点だった TOEIC のスコアが、就職試験を受ける頃には 700 点台にまでアップした。「長文を読むことが苦手だったのですが、英文を自分の頭の中で整理しながら、辞書を引かずに推測しながら読んでいくという方法を自分のものにしてからは、TOEIC のリーディング・パートでも長文が苦手ではなくなりました」。

　リスニングについても、多読の本についていた CD を使って音声もいっしょに聞くことによって、日本語にすることなく、英文のまま、頭からすんなりと理解できるようになったという。

　現在も、毎日通勤時間にペーパーバックを読むなど、大学生の時に始まった洋書との付き合いはずっと続いている。

Part 4

STEAM
リーダーガイド

最近、教科横断的な学習が推進される中で、STEAM 教育という言葉がよく使われる。ここでは定評のある 19 の STEAM リーダーを紹介するとともに、多読に SDGs を取り入れた発展的な試みを紹介する。

「多読指導×SDGs教育」の可能性　　藤井数馬

 とは？

　昨今話題のSTEAMなので、ご存じの先生が大多数だと思いますが、情報整理のために、ここで簡単に復習しておきましょう。

　STEAM は、2000 年代にアメリカで登場した教育モデルで、当初は STEM と呼ばれていました。後に、Art の A が加わり STEAM として現在の名称になります。アメリカでは、IT 人材の育成を強化することが目的で STEM の理念がスタートしましたが、その後公共教育にも取り入れられ、現在も NASA や STEAM に力を入れる教育機関では、STEAM 教育と生徒の学習効果の相関関係に関する研究が進められています。

　日本では「STEAM 教育」として知られ、2020 年頃から文科省も積極的に日本の教育に STEAM を取り入れるよう推進しています。STEAM 教育は、先生がクラスで生徒に単に教える授業ではなく、生徒が自ら問題を発見し、解決法を考え、実行する教育です。STEAMで求められる知識はひとつの教科に収まらないため、教科横断型学習とも強い繋がりがあります。

文科省の HP では、「STEAM 教育等の各教科等横断的な学習の推進」として、現在の取り組みが公開されていますので、まだご覧になられていない方はぜひ見てみてください。日本の公立教育では、まだ大規模な STEAM 教育は実施されていませんが、私立や民間の教育機関では、すでにカリキュラムに導入されているところも多数あります。

文部科学省が STEAM についての取り組みを紹介しているサイト
https://www.mext.go.jp/a_menu/shotou/new-cs/mext_01592.html

文科省の資料によると、現在はスーパーサイエンススクールなどの特例校で実験的な取り組みを行っている段階のとのことですが、下記のようなサイトで STEAM 教育に関する情報や教材の提供を行っています。

・「未来の教室」STEAM ライブラリー
・子どもの学び応援サイト（NHK for school の番組含む）

https://www.steam-library.go.jp/

未来の教室　STEAM ライブラリー

STEAM に関連する話題についてのさまざまな動画が公開されており、それぞれの動画には SDGs のどの目標に関連する話題なのかについてもアイコンが表示されています。

⚙️💡STEAM 学習のための教材

　STEAM 教育は、科学、技術、工学、芸術、数学の知識を統合的に組み合わせ、現実社会で起きている問題とその解決策を探ることが目的なので、ノンフィクションの読みものやニュースなどが欠かせません。しかし、いきなりプログラミングや環境問題に関する専門書を読んで理解することは、子どもでなくたって、大人だって無理でしょう。

　そこで、下記のようなトレーニングが必要となってきます。

・現象や状況を科学的に分析するための基礎知識を養う
・論理的・構造的に考える思考力を身につける

　英語リーダーには、英語のレベルも STEAM としての知識レベルもやさしいレベルから学ぶためのシリーズがたくさんあります。このようなリーダーを読むことで、Story Book からは得られないさまざまな知識が身につくでしょう。

Informational Book と Story Book

　Informational Book と Story Book はノンフィクションとフィクションとも言えますが、欧米の教育フィールドでは Informational book と Story book という呼び名が一般的になっています。海外の出版社サイトなどでは、Information book / Informational textbook（知識本）というジャンルがあり、リーダーに限らず子どものための知識学習本という地位を獲得し（例 : Scholastic など）、売り上げも伸びているようです。

　Informational book は下記の基準で選ぶのがよいとされています。

・学習者にとってわかりやすい（まったく予備知識のないテーマではなく、少し予備知識があるテーマを選ぶのがよい）
・情報の精度が高い（データや最新情報を扱うため、正しい情報が求められる）

　右ページからは、さまざまなレベルで STEAM に触れることのできる多読リーダーを紹介しています。どのシリーズも、力の入った特選シリーズです。

STEAMやSDGsを扱う
英語リーダーガイド

特選19

　p.172から紹介するリーダーは STEAM 教育に関連するテーマを扱うリーダーです。主にノンフィクションシリーズがメインですが、リーダーにはフィクションとノンフィクションのタイトルが一体になったシリーズも多数存在します。ここでは、ノンフィクションの専門シリーズと、フィクションも一体型になったシリーズに分けて紹介し、フィクションとノンフィクションの一体型のシリーズでも、特にその中のノンフィクション部門が STEAM や SDGs と関連が深いシリーズを選書しています。

掲載はアルファベット順

	フィクション専門シリーズ	YL
1	AlphaExplore	1.8-3.3
2	Cambridge Discovery Education Interactive Readers	1.8-3.3
3	DK Readers	0.4-3.0 以上
4	Footprint Reading Library	2.0-6.0
5	LET'S READ-AND-FIND-OUT SCIENCE	1.4-2.0
6	Oxford Read and Discover	1.0-2.6
7	Oxford Reading Tree inFact	0.0-1.8
8	Smithsonian STEAM Readers	0.1-3.2
9	Time For Kids Nonfiction Readers	0.0-3.5
10	Who was... ?	2.8-3.2
11	World Windows	0.4-0.7

	フィクション + ノンフィクション一体型シリーズ	YL
12	AlphaKids / AlphaKids Plus	0.1-1.0
13	Fast Forward	0.6-2.9
14	Highlights Reading Quest	0.2-2.0
15	Magic School Bus	2.5-4.0
16	Our World Readers	0.3-1.6
17	Oxford Bookworms Library (Factfiles	1.0-6.0
18	Red Rocket Readers	0.1-1.5
19	Smart Readers	0.5-3.4

レベルの見方については次ページ→

🔅 リーダーガイドのレベルの見方

　英語リーダーはさまざまな国で、さまざまな出版社が発行しています。そのため、読者の対象やレベル、英語のレベルなどの基準が出版社の中では統一されていても、複数の出版社のリーダーを比較しようとすると、なかなか簡単にはいきません。この STEAM リーダーガイドで紹介するシリーズにはすべて YL をつけてありますので、全体的に英語の読みやすさを確認する場合には YL を参考にしてください。

　YL の他に、各出版社がオフィシャルに提供しているリーダーのレベルがあります。出版社独自に開発したリーディングレベルもあれば、CEFR や LEXILE といった外国語学習を評価する国際基準を用いてレベルを提示しているものもありますので、このガイドには YL のほかに、出版社が公表しているレベル情報がある場合はその情報も掲載しました。

　各レベルの基準とリーダーに関するキーワードは下記をご覧ください。
(p.78 の多聴多読基本用語も合わせてご覧ください)

YL（読みやすさレベル）とは

YL とは、SSS 英語多読研究会が作成した本の読みやすさを判断する基準で、実際に多読をしている人の声を集約して「日本人にとっての読みやすさ」を数値化したものです。0.0 から 9.9 までのレベルがあり、数値が低いほど読みやすいことを示します。
　例えば、YL 0.0 は題名が英語で、中には一切文字のない絵だけの本です。

【YL の目安】

レベル YL	使用語彙数 Headwords	1冊あたりの総語数
0.0-0.9	200-300 語	1-1.500 語
1.0-1.9	300-600 語	500-4,000 語
2.0-2.9	600-1,000 語	3,000-6,000 語
3.0-3.9	1,000-1,700 語	6,000-12,000 語
4.0-4.9	1,300-2,200 語	8,000-20,000 語
5.0-5.9	2,000-3,000 語	15,000-40,000 語
6.0-6.9	3,000-5,000 語	20,000-120,000 語
7.0-9.9	5,000 語以上	80,000-200,000 語

『英語多読入門』（古川昭夫・著）より

リーダーとは 英語学習者用に、文法・語彙をレベルに合うようにして設計されている段階別読みもの。通称 Graded Readers（非英語圏向けに書かれたもの）、または Leveled Readers（英語ネイティブ向けに書かれたもの）と呼ばれます。

Headwords とは 「見出し語」とも言われます。その本で使用されている語彙の数を表しています。これに対し、Running words は 1 冊あたりの総語数を指します。

CEFR とは ヨーロッパで開発された外国語の学習・教授・評価のためのガイドライン。「ヨーロッパ言語共通参照枠（CEFR: Common European Framework of Reference for Languages）」の略。欧州評議会により 20 年以上にわたって開発され、2001 年に公開後、国際標準としても使われるようになりました。

熟練した言語使用者	C2	聞いたり読んだりした、ほぼ全てのものを容易に理解することができる。
	C1	いろいろな種類の高度な内容のかなり長い文章を理解して、含意を把握できる。
自立した言語使用者	B2	自分の専門分野の技術的な議論も含めて、抽象的な話題でも具体的な話題でも、複雑な文章の主要な内容を理解できる。
	B1	仕事、学校、娯楽などで普段出会うような身近な話題について、標準的な話し方であれば、主要な点を理解できる。
基礎段階の言語使用者	A2	ごく基本的な個人情報や家族事情、買い物、地元の地理、仕事など、直接的関係がある領域に関しては、文やよく使われる表現が理解できる。
	A1	具体的な欲求を満足させるための、よく使われる日常表現と基本的な言い回しは理解し、用いることができる。

https://www.britishcouncil.jp/ より一部抜粋

Lexile とは Lexile 指数とは、アメリカの MetaMetrics® 社が開発した「読解力」および「文章の難易度」を示す指標です。文章の単語数や難易度、構文の複雑さ、長さなどを総合的に数値化しています。世界 165 カ国以上で活用されているほか、アメリカでは、小学 3 年生〜高校 3 年生の約半数が、英語能力テストの結果とともに Lexile 指数の判定を受けています。

Grade	学年開始時	学年終了次
K	BR40L	230L
1-2	190L	650L
3-4	520L	940L
5-6	830L	1070L
7-8	970L	1185L
9-10	1050L	1335L
11-12	1185L	1385L

lexile.com より

図鑑のようなビジュアル、そして短い文章で読みやすい

AlphaExplore (Explorations)

eステ で読める！（音声つき）

全35冊

| YL | 1.8-3.3 | 総語数 | 約 2,000-4,500 語 |

出版社　Teacher Created Materials Publishing

このシリーズの特徴

　本シリーズ AlphaExplore は、AlphaKids という大きなリーディングプログラムを構成する中のひとつのシリーズで、オーストラリアにある、子どもたちの読み書き能力育成のプログラムを専門とする出版社 Eleanor Curtain Publishing が開発しました (p.194 ではこのプログラムに含まれる別シリーズ AlphaKids/AlphaKids Plus を紹介しています)。複数のシリーズで構成されるこのプログラムの中で、AlphaExplore は特にノンフィクションを専門とし、図解を中心としたビジュアルやレイアウトで、長い文章を読み、理解するのではなく、短い文章から情報を集約し、知識を吸収するための読解力育成を行います。

　本シリーズのリサーチャーによると、「人が生涯を通じて読むテキストの約80% が non-fiction/informative texts (情報として得るための読みもの)」という結果が出ており、ここで学習した知識をベースにクラスでディスカッションしたり、さらに興味のあることについて自ら調査するなどのアクティビティにつなげることを強く提案しています。

このシリーズで特に扱うテーマ：investigating the past, survival, the sea, space, communication, rights and responsibilities, animals, bugs and ecosystems

ページサンプル ●英語ネイティブの7歳から12歳をターゲットに作られた教材です。

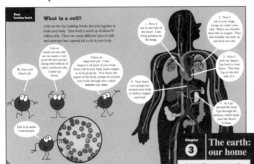

Grade 3
YL1.8-2.2
1,948 語

Grade 5
YL2.8-3.3
3,907 語

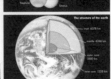

\ Pick UP! /

That's a Good Idea!

(Grade 4)
YL : 2.2-2.8
総語数 : 3,336 語

<目次>（一部抜粋）
・There must be a better way
・Where would we be without these?
・Become an inventor!
・Timeline of inventions

　今私たちが普通に使っている数々の発明品がどのように発明されたのか読んでみましょう。冷蔵庫やミシン、電話やカメラ、それからテレビも。それぞれの発明品についてコンパクトにまとめられていて、新聞のような感覚で楽しめます。機械だけでなく、アイス（popsicles）や風船ガム、お茶のティーパックのような発明も紹介されています。

info AlphaKids リーディングプログラムには、AlphaExplore シリーズに入る前の準備シリーズとして、ノンフィクションでさらにやさしいレベルからスタートできる AlphaWorld シリーズがある。e ステでは AlphaWorld シリーズ（YL0.1-1.2）全 96 冊を読むことができます。

Cambridge Discovery Education Interactive Readers

全96冊

| YL | 1.8-3.3 | 総語数 | 約 1,440-3,000 語 |

出版社 Cambridge University Press

このシリーズの特徴

　ケンブリッジ大学出版局とディスカバリー・エデュケーションが提携して新たな世代向けに開発したノンフィクションのリーダーです。リーダーにアクセスコードが付属していて、コードを入力すると、パソコンでタイトルに関連した動画を見ることができるようになっています。レベルは CEFR（ヨーロッパ言語共通参照枠）に準拠して分かれていて、低いレベルから A1、A1+、A2、A2+、B1、B1+、B2、B2+ の 8 段階があります。現在のところ、全部で 96 冊がリリースされています。

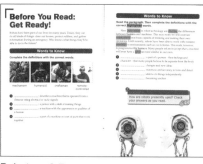

Robots p.6-7
本編の前にチャレンジする Before You Read

　各タイトルは様々な角度から書かれ複数のテーマに関連した内容のため、単一のテーマではとらえきれない学際的な知識の習得が可能です。例えば *Robots* は、日本のロボットの歴史、産業、文化だけでなく、ロボットと宗教の関連についても書かれていて奥が深く興味深い内容です。

シリーズの全体像（レベルチャート）

YL	レベル（CEFR 準拠）	Head words
1.8-2.0	A1	400
1.8-2.0	A1+	450
2.0-2.5	A2	700
2.0-2.5	A2+	900
2.3-2.8	B1	1,200
2.3-2.8	B1+	1,400
2.8-3.3	B2	1,800
2.8-3.3	B2+	2,000

（レベル A1）
Drink Up!　1,652 語

（レベル B2）
Water Power　2,479 語

\ Pick UP! /

The City Experiment: Rebuilding Greensburg, Kansas

（レベル A2+）
YL: 1.8-2.3
総語数：1,952 語

<目次>（一部抜粋）
・What a Tornado Can Do
・Thinking in New Ways
・Green is the Color of Life
・An Exciting Place to Live
・What Do You Think?

　アメリカのカンザス州グリーンズバーグは、2007 年の竜巻によって町の 95 パーセントが破壊されました。しかし、グリーンズバーグの人々はユニークな方法で町の復興に取り組みます。本書ではグリーンズバーグがどうして「グリーン」な町となったのか、復興当時の写真とともに詳しく解説されています。

合計150冊を超えるネイティブ向けのリーダー

DK Readers

全150冊

今後も増えて
いきます。

| YL | 0.4 - 3.0 以上 | 総語数 | 約 150-6,000 語 |

出版社 A Dorling Kindersley Book

このシリーズの特徴

　イギリスの出版社 A Dorling Kindersley Book より発売されている Leveled Readers で、欧米の児童を読者対象としています。レベルは5段階に分けられ、一番低いレベルが Pre-Level 1、続いて Level 1〜4 があります。全レベル合わせて、150冊以上のタイトルから構成されており、扱っているジャンルはノンフィクションを中心としながらも、LEGO や MARVEL、STAR WARS など多岐にわたります。また、本に掲載されている写真やイラストのクオリティーが高いのも本シリーズの特色

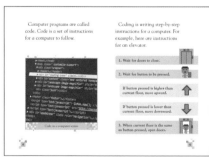

The Story of Coding より

です。SDGs について関連するタイトルとしては、気象について学ぶ *Whatever Weather*（Level 1）やコンピューター及びプログラミングを扱った *The Story of Coding*（Level 2）、ロケットについて知る *Rocket Science*（Level 3）といった作品があります。また、日本を紹介する *Welcome to Japan*（Level 1）など、興味深いタイトルも数多く用意されています。

シリーズの全体像 (レベルチャート)

各レベルの明確なガイドは公開されていませんが、使用語彙、センテンスの長さ、文章の複雑さの変化がレベルごとに見られます。

YL	
0.4-0.6	Pre-Level 1
0.5-0.7	Level 1
0.8-0.9	Level 2
1.8-2.0	Level 3
2.0-3.0	Level 4
3.0 以上	Adventures

(レベル2)
What is the President's job?

(レベル4)
Robot Universe

\ Pick UP! /

Rocket Science

(レベル3)
YL: 0.8-0.9
総語数：約 3,000 語

Deborah Lock

<目次> (一部抜粋)

・Materials
・Design
・Propulsion
・Construction
・Launch

　ロケットの基本的な仕組みについて理解を深められる作品です。ロケットに適した材質は何なのか、どういうデザインがロケットにふさわしいのか、どんな燃料が必要になるのかなど、ロケットの構造について具体的に解説されています。Level 3 のタイトルなので少し難しい単語が使われていますが、巻末に掲載されている Glossary が参考になるでしょう。

4 ビデオ教材を使った学習も楽しい

Footprint Reading Library

| YL | 2.0 - 6.0 | 総語数 | 約 1,000-4,000 語 |

出版社 ナショナル・ジオグラフィック・ラーニング社

このシリーズの特徴

アメリカのドキュメンタリー番組として有名なナショナル・ジオグラフィックの素材を生かしたノンフィクション・リーダーです。全部で 8 つのレベルがあり、前半の 4 レベルは各 15 冊、後半の 4 レベルは各 10 冊が用意され、合計で 100 タイトルあります。レベルは、Headwords（見出し語）ごとに分かれ、一番低いレベルが Headwords 800、一番高いレベルが Headwords 3,000 になります。そして、全タイトルに、英語学習者のために厳選されたナレーション付きビデオがあるので、本を読んでから映像を見てさらに理解を深めていくことができます。

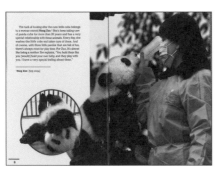

Saving the Pandas p.6-7

取り扱っているジャンルとしては、自然界の生物の生態を伝える *Gorilla Watching Tours*（Headwords 1,000）や *Saving the Pandas*（Headwords 1,600）といったタイトルがあるほか、世界遺産を扱った *The Lost City of Machu Picchu*（Headwords 800）など魅力的なタイトルにあふれています。

シリーズの全体像（レベルチャート）

YL	Head words
2.0-2.2	800
2.4-2.6	1,000
3.0-3.5	1,300
3.5-4.0	1,600
4.0-4.5	1,900
4.5-5.0	2,200
5.0-5.5	2,600
5.5-6.0	3,000

(Headwords 800)
The Young Rides of Mongolia
951 語

(Headwords 1,300)
One Boy's Journey
1,207 語

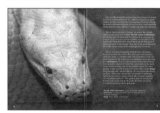

(Headwords 2,600)
The Snake Detective
3,216 語

\ Pick UP! /

The Lost Temples of the Maya

(Headwords 1,600)
YL: 3.9-4.6
総語数：1,289 語

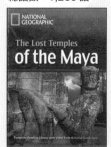

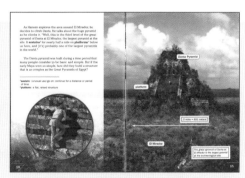

古代マヤ文明の謎について書かれたドキュメンタリー作品です。考古学者リチャード・ハンセンとともに読者は古代マヤ文明がどのように誕生したのかを探っていきます。近年、中央アメリカのグアテマラのジャングルで新たな発見がありました。ハンセン氏はエル・ミラドールと呼ばれるこの辺り一帯に、マヤ文明の起源を解き明かす clue（手がかり）があると考えています。

info 各レベルごとに DVD が販売されています。
詳しくは出版社サイトをご覧ください。

LET'S READ-AND-FIND-OUT SCIENCE

全80冊

今後も増えて
いきます。

| YL | 1.4 - 2.0 | 総語数 | 約 1,000-1,500 語 | 出版社 | HarperCollins |

このシリーズの特徴

　アメリカの4～9歳の児童を対象としたノンフィクションのリーダーです。ジャンルを科学に特化しているのが特徴で、全部でふたつのレベルがあります。レベル1は、The Human Body、Plants and Animals、The World Around Us という3つのカテゴリーがあり、合計 40 冊近くの本で構成されています。レベル2はレベル1の3つのカテゴリーに加えて、Dinosaurs、Space、Weather and the Seasons、Our Earth の4カテゴリーが用意され、合計で 80 冊以上となっています。科学を扱ったリーダーですが、写真ではなく挿絵にイラストが使われているのも特色のひとつといえるでしょう。

　レベル1には、*What Makes a Shadow?*、*The Arctic Fox's Journey*、*Is There Life in Outer Space?* といったタイトルがあり、レベル2には *Fossils Tell of Long Ago*、*Where Does the Garbage Go?*、*Why I Sneeze, Shiver, Hiccup, & Yawn* といったタイトルだけを見ても興味深い作品がそろっています。

Flood Warning p.26-27

ページサンプル

●イラストや絵がメインなので、リーダーの中でも絵本のような感覚で楽しめる。

Stage 1

But there's one kind of cloud you can feel standing on the ground. That is fog. It's the lowest kind of cloud.

本シリーズは、1960年代後半に初代のシリーズが刊行され、現在も当時と同じ内容でありながら、イラストを変えたり、情報をアップデートしながら、更新し続けているタイトルも多い。それだけ、読者からの支持が強いシリーズだとわかる。

Stage 2

\ Pick UP! /

The International Space Station

（Stage 2）
YL: 1.6-2.0
総語数：1,421 語

レベル2のSpaceカテゴリーに属するタイトルです。国際宇宙ステーションはどれくらいの大きさでどんな構造になっているのか、宇宙ステーション内ではどんな活動が行われているのか、といったことがわかりやすく解説されています。イラストが充実しているので、ページをめくっているだけでも楽しい作品となっています。

info ▶ Amazonで1冊単位から購入可能。ただし海外発送となる可能性が高いので、到着までに少し時間を要することが多い。AmazonではKindle版も利用可能。

教科横断型学習にも最適なノンフィクションリーダー

Oxford Read and Discover

| YL | 1.0 - 2.6 | 総語数 | 約 660-3,900 語 |

全60冊

| 出版社 | オックスフォード大学出版局 |

このシリーズの特徴

英語学習を通じて他教科を学ぶという CLIL（内容言語統合型学習）のコンセプトに沿ったリーダーです。学習内容は、大きく The World of Science and Technology、The Natural World、The World of Arts and Social Studies の 3 つの分野に分かれ、小学 3 年生以上を対象とした構成となっています。全部で 6 つのレベルがあり、各レベルに 10 冊が用意され、合計で 60 タイトルとなります。音声は、本に付属のコードを専用サイトに入力するとダウンロードすることができ、英米 2 種類の音声を利用することができます。

SDGs について学べるタイトルも多数用意され、*Why We Recycle*（Level 4）や *Caring for Our Planet*（Level 6）といった作品があるほか、人体について学習する *Your Five Senses*（Level 3）や芸術を扱った *Art*（Level 1）などバラエティーに富んだラインアップになっています。

Your Five Senses p.6-7
© Oxford University Press 2022

シリーズの全体像（レベルチャート）

YL	レベル	Head words
1.0-1.2	Level 1	300
1.2-1.4	Level 2	450
1.4-1.6	Level 3	600
1.8-2.0	Level 4	750
2.2-2.4	Level 5	900
2.6-2.8	Level 6	1,050

（レベル 1）669 語　© Oxford University Press 2022

（レベル 3）1,328 語　© Oxford University Press 2022

（レベル 5）3,357 語　© Oxford University Press 2022

\ Pick UP! /

Caring for Our Planet
(Level 6)
YL: 2.6-2.8
総語数：3,804 語

<目次>（一部抜粋）
・Using Resources Carefully
・Keeping Our Planet Cool
・Making Clean Electricity
・Reducing Travel
・Keeping Our Planet Clean

© Oxford University Press 2022

　地球の環境問題について学習するタイトルで、SDGs を英語で学びたい人に最適な内容となっています。第 2 章では Global Warming について学ぶほか、第 3 章では Nuclear Energy の抱える問題点やクリーンなエネルギーである Solar Energy や Wind Energy について解説されています。巻末には Glossary が掲載され、本書だけで環境問題に関する基本的な語彙を英語で習得することが可能です。

Oxford Reading Tree inFact

全72冊

| YL | 0.0 - 1.8 | 総語数 | 0-1,722 語 |

出版社 オックスフォード大学出版局

このシリーズの特徴

あの Oxford Reading Tree（ORT）から登場したノンフィクションのリーダーシリーズです。読者の対象はイギリスの 4 ～ 7 歳の児童ですが、ORT のステージとリンクしているので、ORT の読者には無理なく読めるようになっています。具体的には、レベル 1、1+、2 ～ 11 の全 12 レベル、合計 72 冊で構成されています。内容的には自然、科学、歴史などを幅広くカバーしており、本文を補足する写真やイラストも充実しています。朗読音声は、本に付属のコードを入力すると、ストリーミング音声を利用することができます（レベル 1+ ～ 5）。

SDGs について学べるタイトルとしては、物質について知る *Mud, Metal and Logs*（Level 1+）や食物連鎖を扱った *Who Eats Who?*（Level 6）、動植物の色の意味を探る *Colour Codes*（Level 7）といった作品があります。また、歴史を扱った *Top Ten Worst Jobs in History*（Level 11）など、ユニークなタイトルも豊富に用意されています。

*Who Eats Who? p.*4-5 ©Oxford University Press 2022

シリーズの全体像（レベルチャート）

YL	レベル
0.0	1
0.1	1+
0.2	2
0.3	3
0.4	4
0.5	5
0.6-0.8	6
0.7-0.8	7
0.9-1.0	8
1.0-1.4	9
1.2-1.4	10
1.4-1.8	11

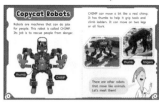

©Oxford University Press 2022

（レベル 5）
330 語

（レベル 6）
452 語

©Oxford University Press 2022

（レベル 10）
1,414 語

©Oxford University Press 2022

info ▶ Level 12 以降は TreeTops inFact というシリーズで、継続して読むことができる。TreeTops inFact は Level 8-20 までの合計 39 冊。

＼ Pick UP! ／

Mud, Metal and Logs
(Level 1+)
YL: 0.1
総語数：65 語

＜目次＞（一部抜粋）

・Mud Hut
・Metal Hut
・Log Cabin
・Sun, Rain and Snow
・Mud, Metal and Logs

Mud、Metal、Log という 3 つ材質について学べる作品です。それぞれの材質で小屋を建てて、それがどんな特徴を持つのかという点から、素材についても理解を深めることができます。同じリズムの文章が繰り返されるのでわかりやすく、文法の知識がなくてもイラストから内容が理解できるのは ORT シリーズらしいといえるでしょう。

©Oxford University Press 2022

Smithsonian STEAM Readers

eステ で読める！（音声つき）

| YL | 0.1 - 3.2 | 総語数 | 約30-3,300 語 |

全72冊

出版社 Eleanor Curtain Publishing

このシリーズの特徴

　本シリーズは、スミソニアン博物館が監修するSTEAM学習のためのリーダーシリーズです。あるテーマについて科学やサイエンスの視点からの解説がされ、そのエリアにおけるキャリアを考えるヒントも紹介されています。

　例えば、スペースシャトルがテーマの *Designing a Shuttle* というタイトルでは、シャトルの歴史やその仕組みや設計、なぜ現在のスペースシャトルのような細長い形になったのか、スペースシャトルに使われているテクノロジーなどが図や写真入りで紹介され

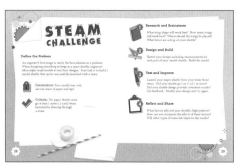

ています。本文の後には、STEAM CHALLENGE（左図）のコーナーがあり、スペースシャトルのエンジニアになったつもりでこなす課題を掲載。ここでの課題は、「ストローと紙とテープを使って、安全に発射するシャトルをデザインしよう」。

シリーズの全体像（レベルチャート）

YL	Grade	Lexile
0.1-2.0	Kindergarten Grade 1,2 （小学生向け）	400L-660L 前後
2.0-2.6	Grade 3	600L-700L
2.3-2.9	Grade 4	650L
2.6-3.3	Grade 5	720L

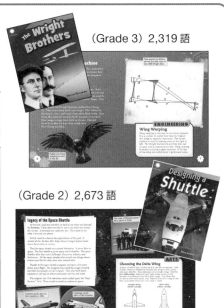

（Grade 3）2,319 語

（Grade 2）2,673 語

\ Pick UP! /

The Art and Science of Skateboarding
(Grade 5)
YL: 2.6-3.2
総語数：2,818 語

＜目次＞（一部抜粋）
・The Skate Park
・The Basics of the Board
・The Broad Board History
・Tricks: How-To Guide
・Art in Motion

　スケートボードをサイエンスの視点で解説していきます。スケートボードの形（長さや太さ）が、動きにどのように影響するのか、またスケートボードの基本となる3つトリック、kick turn、the ollie、the grind についてローラーにかかる重量やボードの傾きがどのように変化するのか、数学的な解説を読むことができます。

info　e ステでは、Grade 3 〜 5 の全タイトルを収録。Kindergarten、Grade 1、2 は未登録。Amazon で 1 冊単位の購入可。出版社の公式サイト（https://www.teachercreatedmaterials.com/、英語のみ）では、1 タイトルにつき 6 冊がパックになった教室セットとして販売されている。セットで購入するとレッスンプランやダウンロードワークシートも利用可能。

Time For Kids
Nonfiction Readers

eステ で読める！（音声つき）

全232冊

| YL | 0.0-3.5 | 語数 | 0-1,722 語 |

出版社 Teacher Created Materials Publishing

このシリーズの特徴

アメリカのニュース雑誌 TIME の子ども版 Time for Kids から作られたリーダーシリーズ。写真のみで語数が 0 語の Kindergarten レベルから、1 冊あたりの総語数が 1 万語を超える Grade 8 までの全 9 段階のレベルが用意されています。

シリーズ名にある通りすべてノンフィクションで構成され、社会、科学、環境問題や自然などの多岐にわたるシリーズについて、写真だけでなくイラストやコミックも用いた工夫のある解説が特徴です。また、特定のテーマについて 3 冊ごとのミニシリーズとしてまとめられているので、1 冊だけで終わらず「もっと読みたい」という気持ちにさせてくれるでしょう。子どもがさらに興味を持ち、自分で調べる力を育てることを目標として「Research to Practice」を本シリーズのキャッチとして掲げています。STEAM としてのプログラムだけでなく、ノンフィクションの読みものに慣れるためのリーディングリテラシーやボキャブラリーなど言語面をサポートするための設計も、詳細なリサーチの結果を元に組み立てられています。

アメリカでは教科書として採用されることも多く、アクティビティシートやレッスンプランなどがセットになったクラス向けシリーズとして販売されていますが、日本国内では Amazon などからタイトル単位での購入、またはオンラインプラットフォームで電子版として利用することが可能です。

シリーズの全体像（レベルチャート）

YL	Grade
0.0-0.2	K
0.2-0.4	Grade 1
0.8-1.2	Grade 2
1.0-1.9	Grade 3
2.0-2.4	Grade 4
2.3-2.8	Grade 5
2.4-2.8	Grade 6
2.6-3.0	Grade 7
3.0-3.5	Grade 8

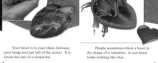

Grade 2

Grade 3

Grade 7

\ **Pick UP!** /

*On The Scene
A CSI's Life*

(Grade 4)
YL: 2.0-2.2
総語数：3,552 語

＜目次＞（一部抜粋）

・On the Scene
・Traces of Evidence
・Finding Fingerprints
・DNA Discoveries
・Glossary

　科学捜査班の仕事を映画やドラマで観たことがあるでしょう。事件解決のために使われる科学の力を解説します。どのように指紋を入手するのか、未解決事件（Cold Cases）を進展させるためにDNAがどのように使われるのか、また死体の死亡推定時刻はどのように判定されるのか……など。後半には実際のCSI捜査官へのインタビューも掲載されています。

Who Was... ?

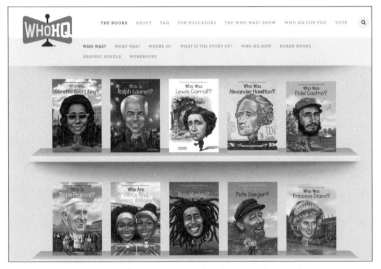

オフィシャル HP より：https://www.whowasbookseries.com/who-was/

| YL | 2.8-3.8 | 総語数 | 約 5,000-12,000 語 |

250冊以上

今後も増えて
いきます。

| 出版社 | Penguin Random House |

このシリーズの特徴

英語圏の小〜中学生を対象としたノンフィクションのチャプターブックで、大きく
3つのシリーズがあります。Who Was... ? シリーズは著名な人物の伝記で、*Who Was Albert Einstein?* や *Who Was Steve Jobs?* といったタイトルが発売されて
います。次に What Is... ? シリーズは、歴史上の重要なイベントや組織などを扱って
いて、*What Was the Bombing of Hiroshima?* といったタイトルから、*What Is Nintendo?* という作品まで幅広いジャンルをそろえています。最後に Where Is... ?
シリーズですが、こちらは世界各地の有名なスポットについて解説した内容となってい
て、*Where Are the Galapagos Islands?* といったタイトルが用意されています。

　SDGs について学べるタイトルとしては、*What Is Climate Change?* や *What Is the Women's Rights Movement?*、*Where Is Our Solar System?* といった作品
があります。

ページサンプル

● Graded Reader とは違い、レベルわけされていませんが、最先端の話題をいち早く取り上げ、読みものとして提供してくれる良質なシリーズです。

▼ 人気タイトル

Who Was Ruth Bader Ginsburg?
7,580 語
YL 2.5-3.5

Who Is J.K. Rowling?
7,045 語
YL 2.8-3.8

What is Nintendo?
約 10,000 語／ YL3.4-3.8

info ▶

公式ウェブサイトからは、様々なアクティビティシートを無料でダウンロードすることができます。

\ **Pick UP!** /

What Is Climate Change?
YL: 3.4-3.8
総語数：約 11,000 語

<目次>（一部抜粋）
・What Is Climate Change?
・Things Are Heating Up
・Something in the Air
・The Change Begins

気候変動について解説しているチャプターブックです。気候変動は単に自然科学の問題ではなく、本書に So climate change isn't just a scientific issue. It's a political issue. と書かれているように政治的にも重要な課題となっています。本書では気候変動の歴史的な事実から現代が抱える問題までを豊富な挿絵とともに、わかりやすく説明されています。

科学と社会の2分野を集中して学習

World Windows

30冊

Science

Social Studies

 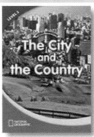 

| YL | 0.4-0.7 | Lexile | 45-224 語 |

出版社 ナショナル・ジオグラフィック・ラーニング社

このシリーズの特徴

　ナショナルジオグラフィックのコンテンツをベースとしたリーダーです。全部で3つのレベルがあり、各レベルに10冊が用意され、合計で30タイトルとなります。学習内容は Science（科学）と Social Studies（社会）の2つの分野に分かれ、レベルごとに各5冊が用意されています。各レベルの分野ごとに CD-ROM が提供され、歌やテストといったコンテンツがあるほか、音声もその中に収録されています。

　SDGs について学べるタイトルとしては、*Land and Water*（Level 3）や *Taking Care of Our Earth*（Level 3）といった作品があるほか、物質について学習する *Things Made of Wood*（Level 1）や世界の名所をめぐる *Famous Landmarks*（Level 3）など多彩なタイトルが用意されています。

シリーズの全体像（レベルチャート）

YL	レベル （CEFR 準拠）	Head words
0.4-0.6	Level 1	31-47
0.5-0.6	Level 2	40-107
0.7	Level 3	100-144

Habitats

A habitat is a home for plants and animals.
There are different kinds of habitats.

Differe...
in dif...

Level 1

Here is the post office.
People send letters at the post office.

Here is the bank.
People keep money at th...

Level 2

Solids

A solid takes up space and has mass.
Only a solid has its own shape.
It does not change shape.
You can measure the mass of a solid with a balance.
Crayons, scissors, and books are all solids.

You can measure the length of a solid with a ruler.

Level 3

\ Pick UP! /

Magnets
(Level 3)
YL: 0.7
総語数：161 語

< 目次 >（一部抜粋）

・Vocabulary
・Magnets
・Poles of a Magnet
・Things Magnets Attract
・Useful Magnets

　磁石について学習する Science のタイトルで、科学を英語で学びたい人には最適の内容となっています。使われている語彙はやさしいものばかりではないのですが、A magnet attracts metal things. といった簡単な英文とともに、わかりやすい写真から単語の意味も自然に理解できるようになっています。

Magnets

A magnet is a special object.
It can attract certain metals like iron or steel.

Magnets come in many shapes and sizes.

bar magnet
ring magnet
horseshoe magnet

12 ていねいなリテラシー設計と、膨大な冊数が魅力

AlphaKids/AlphaKids Plus

Alpha Kids　**Alpha Kids P**

eステ で読める！（音声つき）

138冊　144冊

出版社 Eleanor Curtain Publishing

このシリーズの特徴

　AlphaKids はオーストラリアにある、子どもたちの読み書き能力育成のプログラムを専門とする出版社 Eleanor Curtain Publishing の開発した教材です。英語ネイティブの子どもたちが少しずつ、そして楽しく読解力を深めていけるようにさまざまな工夫がされています。レベルの上がり方が非常にゆっくりで、上がるだけではなく時々低いレベルが織り交ぜてあるため、スパイラル形式に読書を進めることができます。低いレベルでフィクション、ノンフィクションがバランスよく豊富に揃っているので、英語に慣れるための多読初期に向いているシリーズと言えます。

　AlphaKids（AK）シリーズが非常に好評で、同じレベル感、同じ内容でもっと読みたいというオーストラリアの先生からの要望に応える形で、続編 AlphaKids Plus（AKP）シリーズが開発されました。AlphaKids は 23 レベルで 138 冊、Alphakids Plus は 24 レベルで 144 冊が用意されています。

シリーズの全体像 (レベルチャート)

●各レベル 6 冊ずつのセットになっていて、フィクションとノンフィクションが必ずどちらも含まれている。

YL	
0.1	1
0.2	2
	3
	4
	5
0.3	6
	7
	8
	9
	10
0.4	11
	12
	13
	14
	15
	16
	17
0.5	18
0.6	19
	20
	21
	22
0.8-0.9	23
1.0	24

(レベル 1)
Can You See Me? (AK)

(レベル 4)
Making Butter (AK)

(レベル 6)
Pasta Party (AKP)

(レベル 10)
Sebastian's New Sister (AKP)

(レベル 14) *Insects* (AK)

(レベル 18)
Veronica Who Lived in a Vinegar Bottle

(レベル 20) *Pollution* (AK)

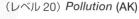

(レベル 24) *Rainforest* (AKP)

info　AlphaKids シリーズには、AlphaKids、AlphaKids Plus の他に、p.172 で紹介しているノンフィクションを専門とする AlphaExplore、レベルが低めのノンフィクション AlphaWorld、さらにアルファベットを 1 文字ずつ学ぶ AlphaBet シリーズの合計 5 シリーズがある。すべて e ステーションで読むことができる。

全20レベルで無理なく学習

Fast Forward

200冊

| YL | 0.6 - 2.9 | 総語数 | 約 180-1,000 語 |

| 出版社 | ナショナル・ジオグラフィック・ラーニング社 |

このシリーズの特徴

Fast Forward はオーストラリアの 9 〜 14 歳を対象としたシリーズで、オーストラリアのメルボルン大学が制作に関わっていることでも知られています。レベルは Level 1 からは始まらず、Level 6 〜 25 の全 20 レベルで各レベルに 10 冊が用意されていますが、10 冊のうち 4 冊がフィクション、6 冊がノンフィクションです。音声は公式ホームページから無料でダウンロードできるようになっています。

Insect Sounds より p.4-5

ノンフィクションで取り扱っているテーマとしては、自然科学を扱った Insect Sounds （Level 11）、地理や世界の文化を知ることができる *Celebrating New Year* （Level 6）や *Food from the World* （Level 6）のほか、*Reduce Reuse Recycle* （Level 14）や *Wind Power* （Level 20）といった SDGs 的な内容なものまで、幅広く取り揃えられています。

シリーズの全体像（レベルチャート）

YL	レベル
0.6-1.1	6-7
0.8-1.3	8-9
1.0-1.7	10-13
1.4-2.0	14-16
1.7-2.3	17-18
2.0 以上	19 以上

●同じレベルでもフィクションとノンフィクションでは、ノンフィクションの方が YL が少し高めになる傾向があります。

（レベル 7）
What's the Time?
298 語

（レベル 11）
Sports Clothes
283 語

（レベル 18）
Smallpox
512 語

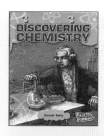

\ **Pick UP!** /

Discovering Chemistry
（レベル 24）
YL: 2.0-2.2
総語数：749 語

<目次>（一部抜粋）
・Introducing Chemistry
・Beginnings of Chemistry
・The Periodic Table
・Some of the Elements

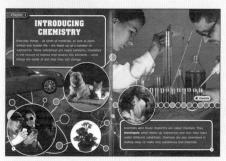

化学の歴史や元素について書かれた1冊です。古代の人々は物質がどのようなもので構成されていると考えたのか、hydrogen（水素）はどのように発見されたのか、Periodic Table of the Elements（元素周期表）はだれによって作られたのか、といった内容を学ぶことができます。また alchemy（錬金術）についても簡単な英語で説明されていて、興味深く読める本となっています。

14

アメリカの老舗教育出版社によるリーディング決定版

Highlights Reading Quest

100冊

eステ で読める！（音声つき）

YL	0.2-2.0	総語数	20 語前後〜

出版社 Highlights

このシリーズの特徴

　アメリカの老舗児童書出版社、Highlights 社からのシリーズです。Reading Quest シリーズは、Highlights 社の絵本の中から、特に人気のあったタイトルを選び、すべての本をオーディブル（音声付き）としたセレクト版となっています。Reading Quest（読むことの探求）とあるとおり、たくさんの英語を吸収することを目的としたシリーズです。ネイティブ向けに制作されたシリーズなので、明確なレベル分けはありませんが、20 語程度のストーリーもあれば、約 3,000 語といった本格的な読みものもありますので、最初は語数の少ないタイトルからスタートしましょう。

　人気の動物や昆虫シリーズ、天文や IT 技術など科学や、料理、そしてフィクションの物語といったたくさんのジャンルから選ぶことができます。1 冊の中に、テーマにそった複数のストーリーが入っているのが特徴ですが、さまざまな英語のレベルが 1 冊の中に混在していることがあるので、読めるレベルを見つけてから読みましょう。e ステサイトでは、1 冊単位ではなく 1 話単位で検索できるようになっていますので、英語レベルごとに本を見つけることができます。

テーマごとに複数のストーリーを1冊に収録

● 1冊の中に、関連するテーマのストーリーを4、5話収録しており、特定のテーマについてフィクション、ノンフィクションのふたつのアプローチで理解を深めることができます。例えば、右記のタイトルには5つのお話が収録されています。

Robot on the Ice and Other Real Technology Stories（5つのお話の合計）2,845 語

Story 1　*Robot on the Ice* 769 語

NASA のプロジェクトとして、南極大陸で meteorites（隕石）を収集するのに活躍しているロボット Nomad の探索日記。Nomad がどのように動くのか、どんな機能を携えているのか、読むことができる。

Story 3　*Why Are Computers Slow?* 339 語

子どもの素朴な疑問に応える Q&A リレー形式の読みもの。ここでの質問は「なんでパソコンは時々動きが遅くなるのでしょうか？」他、2つの質問。

eステーションでは

Highlights Reading Quest シリーズでは、複数のレベルのお話が1冊にまとめられていることがあるため、英語のレベルでちょうどよい本を見つけるのが難しい。そのため、e ステーションでは収録されている1話単位で分割して、1コンテンツとして登録している。

やさしめのサンプル
YL 0.2

むずかしめの
サンプル
YL 1.6-1.8

Magic School Bus

Photo Credit: The Magic School Bus Official Facebook Page

絵本、チャプターブックス、
リーダーの3種類があります。

出版社 Scholastic

このシリーズの特徴

　ジョアンナ・コールによって書かれた絵本ならびにチャプターブックで、挿絵にはブルース・ディーギンのイラストが使われています。フリズル先生が不思議なスクールバスに子どもたちを乗せてさまざまな場所を訪れるという作品で、扱っている内容はサイエンスですが、物語を通じて理解を深めていくという構成になっています。

　シリーズは絶版になっているものを除くと大きく3つに分かれ、横長サイズのカラー絵本であるオリジナルシリーズ、文章がメインのチャプターブックス、Scholastic

The Magic School Bus at the Waterworks

Reader Level 2 に収録されているシリーズがあります。なお、オリジナルシリーズについては岩波書店よりフリズル先生のマジック・スクールバスとして日本語版が発売されています。

　SDGs について学べるタイトルとしては、*The Magic School Bus at the Waterworks*（オリジナルシリーズ）や *Amazing Magnetism*（チャプターブックス）といった作品があります。

ページサンプル

オリジナル
シリーズ絵本
YL: 2.5-3.0
総語数：約2,000
-4,000語

チャプターブックス
YL: 3.0-4.0
総語数：7,000-12,000語

Scholastic Reader Level 2
のリーダーシリーズ
YL: 0.8-1.0
総語数：800-1,000語

\ Pick UP! /

*The Magic School
Bus Lost in the
Solar System*
YL: 2.5-3.0
総語数：2,546語

フリズル先生のクラスはプラネタリウムを見に行くことになったのですが、残念なことに休館でした。しかし、全員を乗せたバスが突然ロケットエンジンを点火し、宇宙空間へと飛び出します。最初に訪れた月では、クレーターについてフリズル先生が Ms. Frizzle said the craters were formed billions of years ago when the Moon was hit by meteorites. と説明してくれます。

info ▶ Netflixでは本作品の動画を見ることができる（2022年3月時点）。またAmazon Primeでは有料コンテンツとして動画を見ることができる。

Our World Readers

eステで読める！（音声つき）

54冊

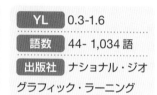

YL	0.3-1.6
語数	44- 1,034 語
出版社	ナショナル・ジオ

グラフィック・ラーニング

このシリーズの特徴

　Our World Readers は6レベル各9タイトルからなるリーダーです。書きおろし、おとぎ話、民話、神話、ノンフィクションと、多岐にわたるジャンルを紹介しています。全体的にフィクションの割合が高いものの、知識として読んでおきたい民話や有名な昔話がセレクトされているため、フィクション・ノンフィクションに関わらず、おすすめのシリーズです。ナショナル・ジオグラフィック社提供による写真が使われており、写真がきれいなことと、ページをめくりたくなるような仕掛けと工夫が特徴で、特に巻末の Facts About... は関連資料集となっていて、話を読み終えた後も本編と関連した知識を広げることができます。同じく巻末の Fun with... のコーナー (左記サンプル参照) では、簡単なチェッククイズをすることができます。後半のレベルは、それぞれのレベルの上がり方が大きいので急なレベルアップにならないように気をつけましょう。

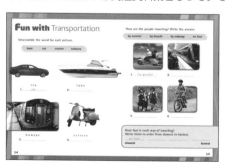

Fun with... コーナーのイメージ

シリーズの全体像（レベルチャート）

YL	
0.3	Level 1
0.4-0.5	Level 2
0.6-0.7	Level 3
1.2	Level 4
1.4	Level 5
1.6	Level 6

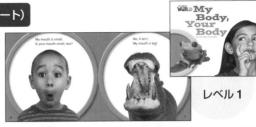

レベル1

レベル3

レベル5

info

オンライン書店などで、1冊から購入可能。デジタル版はeステーションでもお読みいただけます。

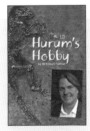

\ Pick UP! /

Hurum's Hobby

(Level 4)
YL: 1.2
総語数：544語

＜目次＞（一部抜粋）

・本編
・Facts About Fossils
・Glossary

　子ども頃から大好きだったことを職業にした Hurum のお話。子どもの頃から、石（化石）を集めて、自分の部屋で展示会を開いていた Hurum は、14才のある日、自分の化石をリュックに入れて、町の博物館に出かけ、研究者たちに自分のコレクションを見せます。これをきっかけに、paleontologist（古生物学者）になることを目指し大学で勉強しました。現在研究者になった Hurum の偉大な発掘も含め、古生物学者の仕事をのぞいてみましょう。

Oxford Bookworms Library (Factfiles)

47冊

OBW 全体として
は 270 冊

SDGsに関連する
リーダーリストが
ご覧いただけます

 YL 1.0 - 6.0　**総語数** 約 700-33,000 語

出版社 オックスフォード大学出版局

このシリーズの特徴

　古典、現代フィクション、ノンフィクション、戯曲と多彩なジャンルをカバーしている Graded Readers です。ここでは、ノンフィクションを扱った Factfiles というシリーズに絞って紹介します。Oxford Bookworms Library の中で、Factfiles は本のサイズが一回り大きく、また表紙のタイトルの上に FACTFILES と書かれているので区別がしやすくなっています。Oxford Bookworms Library は全部で 7 つのレベルがあって、最初のレベルが Starter、その次のレベルから Stage 1 〜 6 となります。なお、Factfiles があるのは Stage 1 から Stage 4 までです。

　SDGs について学べるタイトルとしては、*Animals in Danger* (Stage 1) や *Climate Change* (Stage 2)、*Global Issues* (Stage 3)、*Recycling* (Stage 3) といった作品があります。また、現在の IT を扱った *Information Technology* (Stage 3) など、ほかにも興味深いタイトルが用意されています。

Recycling p.0-1　© Oxford University Press 2022

シリーズの全体像 (レベルチャート)

YL	Stage	Head words
1.0-1.2	Starter	250
1.8-2.2	1	400
2.6-2.8	2	700
3.2-3.4	3	1,000
3.8-4.0	4	1,400
4.5-5.0	5	1,800
5.5-6.0	6	2,500

Factfiles は Stage 1-4 まで

Stage 1 (4,640 語)
© Oxford University Press 2022

Stage 4 (16,753 語)
© Oxford University Press 2022

\ **Pick UP!** /

Climate Change
(Stage 2)
YL: 2.6-2.8
総語数：7,151 語

<目次>（一部抜粋）

· What is climate change?
· How does our climate work?
· Getting warmer
· Wetter - and drier
· Extreme weather

気候変動をテーマにしたノンフィクション作品です。Climate change is a global problem. と書かれているように気候変動は重要な問題ですが、本書では歴史的あるいは科学的、政治的な観点から気候変動についてわかりやすく解説されています。カラー写真や図解も充実していて、読みやすい内容となっています。

© Oxford University Press 2022

Red Rocket Readers

eステで読める!(音声つき)

現在、eステでは 60 タイトルがお読みいただけます。

180冊

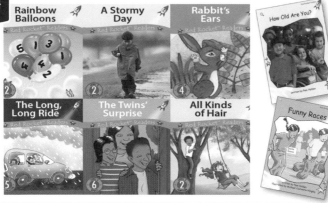

| YL | 0.1-1.5 | 語数 | 87-796 語 | 出版社 | Flying Start Books |

このシリーズの特徴

　Red Rocket Readers は、ニュージーランドの出版社 Flying Start Books が刊行する子ども向けのLeveled Readers です。全15レベル構成で、物語からノンフィクションまでをカバーしており、フィクションとノンフィクションの割合がちょうど半分ずつになっています。付属音声は、きれいに発音するのに真似しやすい朗読です。ノンフィクションは、自然や科学、宇宙などテクノロジーなどのテーマを、子どがわかるようにシンプルなレイアウトと整理された情報で紹介しています。テキストの配置が工夫されており、写真を大きく見せるレイアウトが特徴です。未就学児から学べる Foundation Level から Advanced Level まで全部で 15 レベルあり、Lexile の目安も公開されています。
（右図参照）

大きくて読みやすい文字と、ページいっぱいに広がる写真が特徴

Early Level 2 からのサンプル

シリーズの全体像（レベルチャート）

YL	レベル	Lexile
	Foundation	読み物ではなく ワークブック
0.1-0.2	Pre-Reading	BR 40L-290L
0.1-0.2	Emergent	BR 80L-410L
0.2-0.3	Early Level 1	BR 80L-390L
0.2-0.4	Early Level 2	110L-370L
0.3-0.4	Early Level 3	150L-490L
0.4-0.6	Early Level 4	250L-510L
0.4-0.6	Fluency Level 1	310L-600L
0.3-0.9	Fluency Level 2	360L-590L
0.6-1.0	Fluency Level 3	470L-800L
0.8-1.2	Fluency Level 4	490L-880L
1.0-1.2	Advanced Fluency 1	520L-1220L
1.0-1.3	Advanced Fluency 2	560L-1100L
1.0-1.4	Advanced Fluency 3	560L-1240L
1.1-1.5	Advanced Fluency 4	630L-1280L

Emergnet
Come to the Library

Early Level 4
Come to the Library

Fluency 3
Time

Advanced 2
Mighty Mystery

出版社サイトからワークシートがダウンロードできる！
各タイトルごとに、本の内容と結びつけて自習できるワークシートが無料でダウンロードできます。(無料アカウント登録が必要です) 出版社サイト：http://redrocketreaders.com/

info オンライン書店などで、1 冊から購入可能。デジタル版は e ステの他 Kindle Unlimited で可能なタイトルもあり。(2022/3 月時点)

「英語で学ぶ」が基本！ 韓国発のCLIL式リーダー

Smart Readers

eステ で読める！（音声つき）

Around the World in a Single Day

The Moonlight Orchestra

Hide-and-Seek Gorillas

Stories of Sherlock Holmes

Hidden Secrets of Famous Paintings

Cool Board Sports

60冊

| YL | 0.5-3.4 | 総語数 | 1,507- 8,192 語 |

| 出版社 | Happy House |

このシリーズの特徴

　韓国の出版社 Happy House による英語多読のためのリーダーシリーズで、Wise & Wise シリーズという別名で呼ばれることもあります。子どもに学習してほしいさまざまな知識を多岐にわたるジャンルからバランスよくまとめています。

　全部で6レベル、各レベルごとに10冊ずつあり、レベル1、2でも、1タイトルに

"But I want to play hide-and-seek."
Chip rubbed his paws.
"I want to play with my friends."
Mother shook her head.
"It is not time for hide-and-seek."

Before Reading のイメージ
本文の途中に、本文の内容理解を深めるための選択式 Pop Quiz があるのもうれしい。

つき約2,000語～3,000語で、60ページ前後のボリュームがあります。サイエンスから文学までさまざまなテーマを掘り下げ、CLIL 学習（クリル：英語でさまざまな教科を学ぶ教育スタイル。「英語を学ぶ」ではなく「英語で学ぶ」が基本方針）に合った教材です。本編の前には必ず Before Reading のコーナーがあり、そのテーマに触れるための事前知識を吸収するところからはじまります。アメリカで最も認知度の高い Reading のレベル基準、Lexile に応じたレベル分けを採用していることが特徴で、アメリカやイギリスの小学生向けの教材としても扱われています。教科としては、文学（Literature）、社会（Social Studies）、理科（Science）の他、運動（Sports）や音楽（Music）、美術（Art）もカバーするタイトルが揃っています。

シリーズの全体像（レベルチャート）

YL	レベル (Lexile)
0.5-0.9	Level 1 (BR200L)
0.4-0.5	Level 2 (190L-400L)
0.6-0.7	Level 3 (350L-530L)
1.2	Level 4 (420L-650L)
1.4	Level 5 (520L-940L)
1.6	Level 6 (830L-1070L)

Hide and Sleep　1,651 語

（Level 1）

Nanobots to the Rescue　3,222 語

（Level 3）

Things to Know about Paintings　5,804 語

（Level 6）

\ **Pick UP!** /

Finding Psychology
（Level 5）
YL: 2.4-3.0
総語数：4,944 語

＜目次＞（一部抜粋）
・Before Reading
・CH1 The Popcorn Bet
・CH2 Cinnamon Pretzels and Pavlov's Dog
・CH3 Pretty Girls and a Case of Nerves

　双子の兄弟が、心理学を勉強する兄と一緒に映画をみに行くことになりました。双子は、「身近なところにある心理学を5つ見つけてごらん」と兄に言われ、見つけたらポップコーンを御馳走してもらえることに……。難解だと思われがちな心理学の世界をわかりやすく読ませてくれる一冊です。

「多読指導×SDGs教育」の可能性

STEAM教育の先にはSDGs教育がある。多様な形が考えられる多読指導とSDGs指導を掛け合わせた授業の形を実例をもとに考えてみよう

藤井数馬
（長岡技術科学大学准教授）

1. 多読指導 × SDGs 教育の掛け合わせ

　　多読指導に SDGs 教育を導入する場合、多読指導に SDGs 教育を加えるという発想よりも、掛け合わせると考えるほうが、様々な可能性を想起できるだろう。すなわち、＜多読指導× SDGs 教育＞という掛け算で考えるという発想である。この掛け算で考える場合、＜多読指導＞はどのように行うのか、＜ SDGs 教育＞では何を行うのかという内容に加え、＜多読指導＞に比重を置くのか、＜ SDGs 教育＞に比重を置くのかによって、その解となる両者を掛け合わせた指導のあり方は多様になる。その中で、自分の学生に合う指導を採るという考えである。

　例えば、多読指導を行う対象は誰か、英語力はどの程度か、何に関心を持つのか、指導期間が半年だけなのか、数年にわたるのか等によって指導内容は異なるだろうし、SDGs 教育ではすべての目標を扱うのか、一部の目標のみを扱うのか、目標や課題に対してどの程度深く調べさせ、発表させるのかといった計画によって教育内容は異なる。さらに、本来の多読のように、学生の興味関心に応じて選書をさせた結果として、SDGs 学習につながる可能性を期待するならば、多読指導に比重を置いた取り組みといえるし、SDGs

学習につながるような多読図書シリーズや、多読図書のタイトルを指導者が選定して、その中から学生に選ばせて読ませたり、その本の内容を使ってSDGsに関する議論や発表をさせたりするならば、SDGs学習に比重を置いた取り組みとなるだろう。

　いずれにしても、多読指導とSDGs教育を掛け合わせるのだから、その内容は純粋な多読指導だけではなく、SDGs学習だけでもない取り組みとなるはずであり、目的や計画によって具現化される教育のかたちは多様となる。その多様さ故、＜多読指導×SDGs教育＞は、多読指導のバリエーションの創出が期待できる領域でもあり、様々な実践を共有し、教育効果を検証していくべき領域でもある。

2. 多読指導 × SDGs 教育の親和性

　SDGsは、2030年までの経済、社会、環境を包括的に捉えた、地球規模での持続可能な開発目標である。その目標、ターゲットは互いに関連し合いながら多岐にわたっており、いずれも地球規模で取り組む必要があるものである。

　そうであれば、SDGs教育におけるまず重要なことは、日本のみならず世界の歴史的事実や、現状に目を向け、学ぶことである。これは、暮らしている中で入ってくる事実を知るという受動的な姿勢ではなく、世界で起こっている事実を自ら調べ、学ぶという能動的な姿勢の必要性を意味している。なぜなら、複雑に絡み合う地球上の課題を考えるためには、批判的、複眼的な目で、論理的に思考する能力が必要であり、その目や思考を養うためには、世界各地で起こっている様々な事実や歴史的背景等を幅広く認識しておく必要があるからである。そして、幅広い経済、社会、環境認識に基づいて取る行動が課題解決に貢献できる可能性を高めるからである。

　多読指導がSDGs教育と親和的だと考えられる点は、多読ではたくさんの本を読ませることにある。たくさんの本を読むことで、

英語の学習はもちろん、本に書かれた内容も学んでいるからである。もちろん、読んだ本によって SDGs との関連性の強弱はあるだろうが、SDGs の包括性は、たくさんの多読図書を学習教材として取り込むだけの懐の広さも持っている。

　例えば、Oxford Bookworms Library Factfiles から刊行されている *Malala Yousafzai*（YL 2.7 / 8,183 語）を読めば、Goal 4（Quality Education）や Goal 5（Gender Equality）達成に貢献した行動や勇気を学べるだろうし、Oxford Read and Discover から刊行されている *How We Make Products*（YL 1.5 / 1,306 語）を読めば、Goal 9（Industry, Innovation and Infrastructure）の基礎知識を補完することができるだろう。What was... シリーズから刊行されている *What Was the Bombing of Hiroshima?*（YL 3.3 / 7,162 語）を読めば、Goal 16（Peace, Justice and Strong Institutions）への意識が高まるだけでなく、アメリカの出版社からの記述という観点で読めば、批判的思考の養成にもつながるだろう。また、フィクションの本であっても、I Can Read! から刊行されている *Frog and Toad* シリーズからは、SDG17（Partnerships for the Goals）に対しての大切なエッセンスを学ぶことができるかもしれない。

3. 多読指導× SDGs 教育の枠組み

　<多読指導× SDGs 教育>の具現化の方法は多様であることを先述したが、半年や 1 年間といった短期間での多読指導に SDGs 教育を掛け合わせるのであれば、SDGs との関連性の強いシリーズやタイトルを選定して意図的に読ませる指導を採り入れることが現実的だろう。これは、ひとつのジャンル、主題、作家の作品だけを限定的に読ませる、ナロー・リーディング（narrow reading）と呼ばれる、多読指導の一環として採り入れられることがある指導法である。このナロー・リーディングを多読指導期間すべてで採り入れるのか、課題として数回採り入れるのかは、先

述した＜多読指導＞に比重を置くのか、＜ SDGs 教育＞に比重を置くのか、指導の目的に応じて決めることになる。

　SDGs を主題にしたナロー・リーディングで活躍するのは、主にノンフィクションの多読図書シリーズである。例えば、表１のシリーズは、SDGs と関連の深いタイトルを多く揃えているシリーズである。

Cambridge Interactive Readers	DK Readers
Footprint Reading Library	Let's-Read-and-Find-Out Science
Magic School Bus	Oxford Bookworms Library Factfiles
Oxford Reading Tree Fireflies	Oxford Reading Tree inFact
Oxford Read and Discover	Who was.../ What was... / Where is...

表１　SDGs と関連の深いタイトルを多く揃えるシリーズ

　これらシリーズに代表される SDGs と関連の深いタイトルを提示したうえで、各自の英語力や関心に合ったタイトルをたくさん読ませて、英語で世界の事実や課題を学び、共有し、SDGs を枠組みに議論したり、自らの言葉で発表したりする機会を設けることで SDGs を自分事化し、明日からの行動につなげる―これを、＜多読指導× SDGs 教育＞の基本的枠組みとして提案したい。

> **1.** SDGs に関連性の強い多読図書のうち、学生のレベルや関心に合う図書をたくさん読ませる。
>
> **2.** 多読図書で学んだ事実、他者に伝えたい事実を書き取らせる。
>
> **3.** 学んだ事実をクラスメートと共有させ、学びを広げ、深める。

図1　SDGs ロゴシール貼付
図2　長岡技術科学大学附属図書館

4. 実践事例の紹介 ＜長岡技術科学大学の場合＞

　前節で提案した基本的枠組みに沿って、大学３年生を対象にした英語の授業での実践事例を報告する。

4.1. 多読図書への SDGs シール貼付とウエブ上での
リスト公開

　まず、長岡技術科学大学（以下、本学）の附属図書館に所蔵されている多読図書のうち、SDGs 学習につながると考えられる図書に対し、関連する SDGs の目標のロゴのシールを貼付した。例えば、図１は、Oxford Bookworms Library Factfiles シリーズの *Oceans* に対して、SDG14（Life Below Water）のロゴのシールを表紙右下に貼付したものである。シール貼付に際し、どの程度の記述分量が含まれていたらシールを貼付するかに関しての明確な基準は設けず、本を読んで各目標に少しでも関連性があると感じられた図書に対してシールを貼付した。

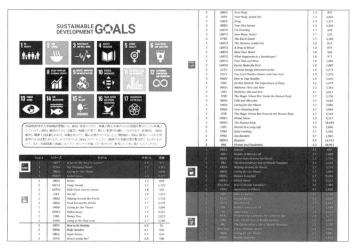

図3　SDGs 関連英語多読図書一覧

　　ただ、シールを貼付しただけでは、その表紙を見ない限り SDGs 関連図書を探し出すことができない。本学の附属図書館では多読図書はシリーズごとに配架されており（図2）、背表紙からはどの本が SDGs 関連図書かはわからない。仮にたまたま手に取った図書がそうだったとしても、自分の関心に沿う目標の本であるとは限らない。そこで、本学の附属図書館に所蔵されている多読図書のうち、SDGs シールを貼付した図書のシリーズとタイトルと YL と語数を、Goal 1 から Goal 17 まで目標ごとにリストにして、本学の語学センターのホームページで公開し、参照できるようにした（図3）。同じ試みはコスモピア社の e ステーションの「聞き放題」「読み放題」の検索画面でもなされており、蔵書状況と合えば、こういったリソースを活用することも可能だろう。

4.2.　多読指導とナロー・リーディングの実施

　　授業では最初の約 15 分間を多読に当てた。これは、自分のレベルや興味に応じて本を各自で選ばせて教室に持ち込み、読ませるという多読本来のやり方である（図4）。多読している間、机間巡視をして、学生が集中して読めているか、適度なスピードで読めているか等を観察し

た。また、適宜、学生に適したレベルの多読図書シリーズや多読の効果を丁寧に説明したり、セメスターの最初と最後で読解速度や語彙サイズを測ることで多読の効果を可視化してフィードバックしたりするようにした。

　こうした従来の多読に加え、セメスターで2回、ナロー・リーディングの課題を課した。この課題では、SDGs に対して関連性が高い多読図書リスト（図3）から、自分の関心やレベルに合致する本を3冊以上（あるいは、3,000 語以上）読ませた。さらに、その読書を通して新たに知った事実や歴史、あるいは他の学生に伝えたい事実をいくつか選び、それを質問形式で書かせた。

　例えば、Goal 13（Climate Action）に関心があり、Oxford Bookworms Library Factfiles の *Climate Change*（YL 2.7 / 7,151 語）を読んだとして、"In the summer of 2007, there was 20 per cent less ice covering the Arctic than in the 1970s." (*p.* 11) という事実を新たに学んだとすれば、その事実から、"By what

図4　授業内多読

percentage did the ice covering the Arctic decrease in the summer of 2007 compared to the 1970s?" といった質問文を作成させた。さらに、(A) 5%, (B) 7%, (C) 10%, (D) 20% のように、その質問に対する4つの選択肢も作成させ、ワークシートに記入させた。

　授業では、問題（質問＋選択肢）ごとに切り取らせ、切り取った問題の紙を持って自由に教室を歩かせ、ペアを見つけて互いに自分の質問を1問ずつ問いかけさせた。互いに解答まで確認したところで、質問した問題の紙をそのペアと交換させた。ペアから受け取った新しい問題を手にした状態で、次のペアを探し、その新しい質問または自分が作成した他の質問を新しいペアと互いに問いかけ、解答まで確認が終わったら、その問題の紙を交換させるという活動を行った。

　この活動を行うことで、自分が学んだ内容の復習ができるとともに、質問を受けた方も、単にその内容を伝えられるよりも記憶に残ることが期待できる。さらに、他の学生が学んだ内容をまた別の学生に質問することで学びを集団へ広げていくことができるし、掲示資料にしたり、一覧にして後日配布して小テスト等の範囲にしたりすることもできるだろう。

4.3. 議論とプレゼンテーション

　この質問活動の最後に、学んだ事実や、読んだ本に対して感じた疑問や、2030 年までにできることについて書かせたり、クラス全体に問いかけて共有したりした。このように、普段の多読と、課題としてのナロー・リーディングを通して学んだ事実を、SDGs の枠組みで意識化し、他の学生と共有して知識を広げ、疑問や行動と関連づけて考えさせた。こうした活動を定期的に行いながら、セメスターの最後には3人組のグループでプレゼンテーションを行わせた。これまで学び、共有し、考察した問題意識を、自分の日常生活や専門と結びつけることで自分事として考え、自分の言葉で語れるようにするため、以下の2つのテーマのうち、いずれかを選ばせ発表させた。発表後に質疑応答やフィードバック

を行うことで振り返りを行い、今後、自分サイズでできる SDGs 解決のための行動を意識させるようにした。

(1) Choose one or two Sustainable Development Goals and talk about what concrete actions you are going to take on a daily basis to resolve the goal(s).
(2) Choose one or two Sustainable Development Goals and talk about your concrete plans on how you want to utilize your engineering knowledge to resolve the goal(s).

5. 最後に

　　＜多読指導×SDGs 教育＞の指導のあり方は多様であり、それぞれの教育現場の数だけ具現化の方法が考えられる。ここで紹介した事例も、本学が国連アカデミック・インパクト Goal 9 のハブ大学として任命を受けており、SDGs について日頃耳にする機会や、学習経験がある学生が多いという環境の中で具現化したひとつのかたちである。

　　多読は、それ自体を目的として最後まで取り組める学生は一部に限られる。そこに、何らかの意義や意味づけを必要とする学生のほうが多いだろう。

　　SDGs 教育は、多読をする意義や意味づけとして機能しうるひとつの選択肢である。多読三原則の提唱から約 20 年が経過した今、多読教育研究が蓄積してきた知見を基盤にしながら、時代やニーズに応じた柔軟な実践がこの分野の充実につながると信じている。

　　本稿で紹介したイベントをトライアルとして
行ったページを以下に紹介している。

https://www.nagaokaut.ac.jp/shincyaku/202203/220310.html

　　今後、＜多読指導×SDGs 教育＞の様々な取り組みが共有され、多読教育研究の裾野の拡大につながることを期待したい。

本書へのご意見・ご感想をお聞かせください。

本書をお買い上げいただき、誠にありがとうございます。

今後の出版の参考にさせていただきたいので、ぜひ、ご意見・ご感想をお聞かせください。(PC またはスマートフォンで下記のアンケートフォームよりお願いいたします)

アンケートにご協力いただいた方の中から抽選で毎月 10 名の方に、コスモピア・オンラインショップ（https://www.cosmopier.net/）でお使いいただける 500 円のクーポンを差し上げます。(当選メールをもって発表にかえさせていただきます)

https://forms.gle/5GxCvGuo8RgP8Ymc6

英語の多聴多読最前線

2022年5月10日　第1版　第1刷発行

コスモピア編集部・編

装丁：松本田鶴子
表紙イラスト：marumaru/iStockphoto

編集協力：熊沢敏之、田中和也

発行人：坂本由子
発行所：コスモピア株式会社
　　　　〒151-0053　東京都渋谷区代々木4-36-4　MCビル2F
営業部：TEL: 03-5302-8378 email: mas@cosmopier.com
編集部：TEL: 03-5302-8379 email: editorial@cosmopier.com
https://www.cosmopier.com/（コスモピア）
https://e-st.cosmopier.com/（コスモピアeステーション）
https://ebc.cosmopier.com/（子ども英語ブッククラブ）

印刷：シナノ印刷株式会社

アンケート協力者

（順不同・敬称略）

池田亜紀 / 小川謙太郎
大縄道子 / 奥山則和
小林佳世子 / サム・マーチー
清水智子 / 須賀晴美
安田朋子 / 田中　健
蔦澤亜希 / 西澤　一
野村範子 / 畑中貴美
深谷素子 / 藤井数馬
逸見一志 / 松山知紘
黛　道子 / 山下陽子
保田真弓 / 力石　歩
和田直也 / H.H./K子
N.M./ クロ
他のみなさま

今すぐ、多聴多読をはじめよう！
オンライン電子英語図書館

eステーション（略してeステ）は、コスモピアが提供する英語学習のための web サービスです。英語を日々の生活に取り入れ、手軽にリーズナブルに多聴多読をするための素材をたっぷりとご用意しています。

●年齢や利用人数によって選べるラインナップ

	対象年齢	LMS 機能	読み放題コンテンツ数	聞き放題コンテンツ数
eステ COSMOPIER eSTATION				
学校版	子ども〜大人まで	○	約2,000	約3,300
一般版	子ども〜大人まで	×	約2,000	約3,300
eステ Kids				
学校版	3才以上〜小学生	○	約1,300	×
一般版	3才以上〜小学生	×	約1,300	×

学校や塾、サークルなどには最小人数5名からのLMSつき学校版がおすすめ

下記の2コースのいずれか、または組み合わせたセットコースが
ご利用いただけます。

📖 読み放題コース

多読用リーダー
約 **2,000** 冊

PC の大画面で！

スマホ・PC で読める！

スマホや
iPad で

- 世界中の出版社から集めた多読のためのリーダーが
  読み放題
- すべての本がレベルわけされているので、自分に合った
  レベルの本が読める！ レベルアップしていく楽しみが
  味わえる！

一冊の本で6つのトレーニングができます。

1 リーディング

2 Reading Quiz

3 聞き読み

4 リスニング

5 シャドーイング

6 サマライズ

👂 聞き放題コース

映画スター・著名人など魅力あるスピーカーたちの
インタビュー・スピーチから、すぐに使える日常生活
の表現、ワンポイント文法まで！

スピーチ、インタビュー、
ニュースなどの音声素材
約 **3,300** コンテンツ

音声のスクリプト、訳、語注つき

英文　語注　訳

Once there was a young princess.
かつて、ひとりの若い王女がいました。

Her name was Ann.
名前をアンといいました。

She went on an official tour through Europe.
アン王女はヨーロッパ公式訪問の旅に出かけました。

She visited several cities.
いくつもの都市を旅しました。

People watched her tour in news films at the movies.

TOEIC® テスト
めざせ Part 7
時間内制覇！
シャドーイング
トレーニング
No.1

1つのコンテンツで5つのトレーニングができます。

1 リスニング

2 意味チェック

3 聞き読み

4 パラレル・
リーディング

5 シャドーイング

生徒の多聴多読をブラウザでらくらく管理！

先生のための
学習管理機能

読み放題コース、聞き放題コースのコンテンツの中から、先生が選んだものを、生徒に課題として提示し、先生が生徒の学習進捗をチェックすることができます。

自由自在に クラス作成

学校や塾など、ご利用になられる規模や環境に応じて必要なクラスを WEB サイト上に自由に作成することができます。

例・学校の場合

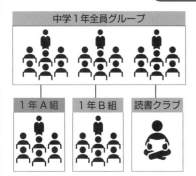

クラス（グループ）単位で課題を出題することができます。左記のようにクラスを作成すると、中学１年生全員に一斉に課題を出すこともできますし、１年A組のみ、B組のみのように、各クラス単位にも出題できます。また、クラス以外にも「読書クラブ」のような、グループも設定可能です。（クラスの設定数に上限はありません。）

課題の設定

クラス単位で読んでほしいリーダーを「課題図書」として登録できます。登録すると、生徒のマイページに課題図書として表示されます。

生徒の画面

今月中に「リーダーA」と「リーダーB」を読んでね。（課題図書に設定）

講師

新しい課題が追加されると、出題日でわかります。

＊聞き放題コースのコンテンツも課題図書と同じように、課題として設定することができます。

生徒の学習進捗管理

講師アカウントでログインするとマイページに「管理メニュー」が表示され、課題の設定や生徒の進捗を管理できる管理機能にアクセスできます。

・生徒の読んだ語数、冊数、レベルが一覧で確認できます。

・クイズの正答率や読んだスピードに異常がないかを判定し、評価対象とする基準に応じたリストを表示することができます。

(例：ページをめくって読まずに閉じた場合、読書スピードが速すぎると判定されますので、そのような読書履歴は判定の対象から外すことができます。)

表示させる内容を期間指定できます。

画面に表示されている語数や冊数のデータ、読書履歴を CSV で出力

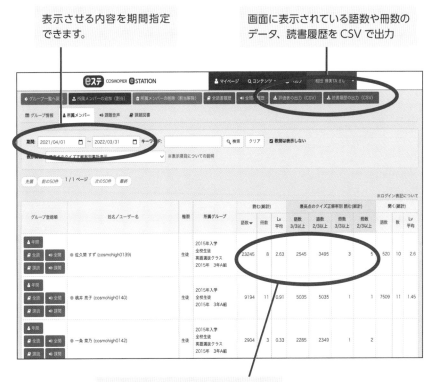

この生徒は全体では 23,245 語、8 冊読んでいますが、そのうちクイズ3／3正解したものでカウントすると、語数は 2,545 語、冊数は 3 冊とわかります。

※「聞くコンテンツ」などで利用した聞いた語数も表示されます。

語数、冊数のリスト表示の他に、各生徒の読書履歴（読んだ本のタイトル、クイズやサマリーの詳細）、聞くコンテンツの利用履歴などもリストで表示することができます。

レベルについて

●読み放題コース

　eステに登録されているすべてのタイトルにYL(読みやすさレベル)がついており、YLを基準に大きく7レベルに分かれています。7レベルの大体の目安をCEFRや英検と比較すると下記の通りです。

レベル0の目安

Can you see my hair?　　　Can you see my eyes?

アルファベットの各1文字をじっくり学習する素材、フォニックス関連の素材も多数あります。

レベル1の目安

▼読み放題コースのレベル基準

レベル	YL	CEFR	英検
0	0.0-0.9	A1	5-準2
1	1.0-1.9	A1	準2
2	2.0-2.9	A2	2
3	3.0-3.9	A2-B1	2-準1
4	4.0-4.9	B1	2-準1
5	5.0-5.9	B2	準1
6	6.0以上	B2-C1以上	準1-1以上

レベル2の目安

●聞き放題コース

音をテキスト化したものの内容・文法・語彙を総合した「読みやすさレベル」(YL:読みやすさレベル)、音のくずれ・スピード・ポーズなどを総合した「音だけの難易度レベル」(LL:リスニング・レベル)のふたつ、つまり、英語音声素材の内容面と音声面をあわせた基準、「LLY」で、独自のレベル設定をしています。

▼ 聞き放題コースのレベル表

レベル	LLY	CEFR	英検	TOEIC
1	2.4 以下	A1 未満〜 A1	5,4,3 級	400 未満
2	2.5-4.4	A2	3 級〜準 2 級	400 〜 500
3	4.5-6.4	A2 〜 B1	準 2 級〜 2 級	500 〜 650
4	6.5-8.4	B1	2 級〜準 1 級	550 〜 800
5	8.5-10.9	B2	準 1 級	750 〜 900
6	11 以上	C1 以上	1 級	900 以上

料金

下記価格は 1 名あたりの料金です。
団体版の最小お申し込み人数は 5 名から。最低ご利用期間は 3 カ月から。
※ 500 名を超える場合にはボリュームディスカウントもございますのでご相談ください。

コース	学校・塾・法人など団体様 (最小人数5名から) ※価格は税込です。			個人 月額
	6 カ月以上	1 年以上 2 年未満	2 年以上	
英語読み放題コース	220 円 / 月	187 円 / 月	165 円 / 月	880 円
英語聞き放題コース	209 円 / 月	165 円 / 月	110 円 / 月	550 円
英語読み放題 + 聞き放題 セットコース	330 円 / 月	230 円 / 月	184 円 / 月	990 円

お問い合わせ・デモアカウントの お申し込みはこちらまで

「聞き放題」コース、「読み放題」コース学校版を 1 カ月ご利用いただけるデモアカウントをお送りいたします。QR コードよりお申し込みください。

団体利用特典！

30 名様 1 年以上のご契約で、『多聴多読マガジン』を無料で 1 年間購読することができます。

e ステを利用している先生からの声

H 先生（愛知県・塾）

実物の洋書を購入するより断然安く、生徒がどのくらい読んでいるのか管理者画面で確認ができる。生徒にとっても語数を自動的に計算してくれるので、やる気がわく。

S 先生（栃木県・大学）

e ステは断然やさしいレベルの蔵書に良い内容、おもしろい内容の本が多くそろっています。日本人が関心のありそうな題材を開発することにも長けていて、学生に「おもしろいからこの本を読んでみなさい」と推薦するのに困ることがないです。前期に e ステを使用した大学で行なったオンライン授業の後では、TOEIC の点数がほぼ全員上昇し、一番上がった学生は 205 点が 625 点となりました（4 万語以上読んだ学生です）。TOEIC 自体オンラインのものを受験させたことも一因でしょうが、この点数の伸びには驚きました。

電子パンフレットはこちらから

LMS の詳細や登録されている多読シリーズがご覧いただけます

e-st.cosmopier.com

探す　大きなアイコンで、子どもが使いやすいインターフェイス

英語レベル、ジャンル、シリーズ、年齢などから検索可能。ABCパック、フォニックスパックなど、学習目的別に選定されたブックパックも利用可能

表示された本のタイトルをクリックして読書ページへ

読む聞く

全タイトル音声付き！
聞き読みにもおすすめ
スクロールは縦横自由自在

本を読みながら、音声を聞くことができます。本によって、チャンツや歌バージョンの音声も収録されています。

理解を深める　ちゃんと読めたかな？理解度チェッククイズやDLワークシートつき

本を読んだ後は、クイズやアクティビティにチャレンジ！
※ワークシートは一部シリーズのみ

学校や塾でも使える！ LMS機能付き学校版 もあります

最小人数
5名から

e-st.kids-ebc.com

どんなことができるの？

・生徒に読んで欲しい本を課題に指定できます。
・生徒の読書履歴（クイズの正解数、読んだ語数、読んだ冊数）を確認できます。

学校版についての詳細はこちらをご覧ください。
デモアカウントもお申し込みいただけます。→

「もっと英語のシャワーを浴びたい！」方のための

定期購読プレミアムプラン が新登場!!

多聴多読マガジン × eステ

新たに英語読み放題・聞き放題コースが追加！

従来の定期購読に加えて、web上のオンラインサービス「eステ」が使い放題となる定期購読プレミアムプランをご用意しました。雑誌で紹介してきた2000冊以上の洋書や、3000本以上のニュースや有名人のスピーチ、インタビューが読み放題・聞き放題となります。申し込みは随時受付中。この機会にぜひ、お申し込みください。

特典

❶ **2,000冊以上の洋書やスピーチが読み放題・聞き放題！**

eステ 「英語読み放題コース」、「英語聞き放題コース」が

ともに一年間使い放題になります。

※1年プラン9,900円がグンとおトク！
※eステアカウントは申込後数日で発行

❷ **電子版『多聴多読マガジン』が読み放題！**

過去6年間、2016年から最新号まで36冊の電子版マガジンが読み放題となります。電子版を個別に買うよりも圧倒的にお得です。

❸ **英語リーダーやコスモピアの出版物が5〜10% OFF！**

定期購読中にコスモピアから直接ご購入いただくと、出版物・通信講座が1割引になります。また、コスモピアが取り扱っているリーダーや英語絵本などの洋書も特別価格でご購入可。　※❸はオンラインショップでご注文を承ります。

定期購読料 1年間（紙版6冊＋電子版36冊＋ **eステ** 英語読み放題・聞き放題）
11,000円（税＋送料込み）

お申込方法 オンラインショップ

https://www.cosmopier.net/

・コスモピアのホームページからお申し込みください。
・お支払い方法はクレジットカードです。

※現在、定期購読をご利用中で「プレミアム」コースへの乗り換えを希望される方は、別途お問い合わせフォームにてお知らせください。

やさしい本からたくさん読もう！

英語多読入門

　「辞書は引かない」「わからないところはとばす」「つまらなければやめる」の多読三原則に従って、たくさん読むことこそが英語力アップの秘訣。そのためには、知らない単語がほとんどないような、ごくやさしい洋書からスタートすることが肝心です。やさしい英語をたくさん読んでいくと、いちいち日本語に訳す習慣から脱却して、英語を英語のまま理解できるようになります。そうなれば、英語のお勉強ではなく「読書」として楽しめる、楽しいから続く、続くから英語力が伸びるという好循環にラクラク乗ることができます。

監修・著：古川昭夫
著：上田敦子　／協力：伊藤晶子
A5判236ページ＋CD
定価1,980円（税込）

多読を成功へ導く必須アイテム

読書記録手帳

　100万語をめざそうといわれても、途方もない道のりに思えて、ゴール地点の見当もつかないというのが正直なところではないでしょうか。この読書記録手帳は、読んだ本のタイトルやレベル、総語数、累計語数などを記録していくもの。歩んだ道のり、レベルアップした時期、そしてゴールまでの残りの語数がひとめでわかります。

　手帳スペース60ページのほかに、推薦洋書の紹介、さらに68ページにわたって、リーダーズや児童書のタイトル別総語数、お薦め度などをレベル順に一覧表にして掲載。これがあれば、記録をつけるのも簡単、たくさんの洋書の中から次に選ぶタイトルを見つけるガイド役としても必携です。

著者：古川昭夫
（SSS英語多読研究会）
B6変形159ページ
定価660円（税込）

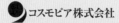
コスモピア株式会社

●直接のご注文は **https://www.cosmopier.net/**